나랑 같이 놀 사람, 여기 붙어라

인간과 기계의 공생을 위한 교육

나랑 같이 놀 사람, 여기 붙어라
인간과 기계의 공생을 위한 교육

2016년 7월 29일 1판 1쇄 인쇄
2016년 8월 1일 1판 1쇄 발행

지은이	이은경
펴낸이	한기호
편집인	김종락
출판기획	대안연구공동체
편집·디자인	프로므나드
펴낸곳	길밖의길
출판등록	2015년 7월 6일 제 2015-000211호
주소	121-839 서울시 마포구 동교로 12안길 14(서교동) 삼성빌딩 A동 2층
전화	02-336-5675
팩스	02-337-5347
이메일	kpm@kpm21.co.kr
홈페이지	www.kpm21.co.kr
ISBN	979-11-955852-8-1 02300

길밖의길은 한국출판마케팅연구소의 임프린트입니다.
책값은 뒤표지에 있습니다.

머리말

얼마 전 지인에게서 요즘 우리 사회를 지배하는 새로운 삼위일체(본래는 기독교의 성부, 성자, 성령 하느님을 뜻하는 말이다) 신에 관한 이야기를 들었다. 이 신은 첨단 과학기술을 통해 우리의 불편을 해소시켜 더욱 편안하고 스마트한 삶을 살게 해 주고, 어떠한 위험이나 질병, 심지어는 죽음으로부터도 우리를 안전하게 지켜 줄 수 있을 뿐만 아니라, 최첨단 의료 기술을 이용해 우리를 더욱 아름답게 만들어 줄 수 있다는 교리로 사람들을 유혹하고 있단다. 그 삼위일체 신의 이름은 바로 편안하'신', 안전하'신' 그리고 아름다우'신'이다.

솔직히 처음 이 삼위일체 신의 이야기를 들었을 때는 비웃었다. 그런데 이세돌 9단과 알파고의 대국을 보고 난 후에는 '편안함', '안전함' 그리고 '아름다움'이라는 솔깃한 교리로 무장한 이 삼위일체 신이 우리 사회를 심판할 날이 곧 도래하리라는 불길한 예감이 들었다. 스마트폰과 인터넷을 통한 '유비

퀴터스'한 포교 활동에 홀딱 넘어가 삼위일체 교리로 철저히 무장한 광신도들이 내 주위에도 이미 널려 있고, '기하급수적'으로 그 교세를 넓히며, 이제는 내 가족들까지 삼키려 하고 있기 때문이다.

  나는 지금 이 새로운 삼위일체 교리를 따를 것이냐, 말 것이냐의 기로에 서 있다. '좀 더 편안하고, 안전하고, 심지어 아름다워질 수 있다는 저 교리를 그냥 확 믿어 버릴까?' 아니면 '좀 귀찮고 불편하고 불안하지만, 지금 이 모습 그대로 그냥 살아갈까?' 선택해야 하는 지점에 다다랐다. 정신을 똑바로 차려야 한다. 그러나 대체 어느 누가 저 달곰쌉쌀한 교리를 못 본 척, 못 들은 척 무시할 수 있을까? 그렇다고 이대로 그냥 느루 재다가는 나도 모르는 사이 광신도가 되어 있을지도 모른다. 안팎곱사등이 굽도 젖도 못하는 꼴이다. 거창하게 인류의 미래까지 거론할 필요도 없이, 10년 후 나의 미래 그리고 우리 자녀 세대의 미래가 지금 나의 선택에 따라 달라질 거라고 생각하니 풀 끝에 앉은 새 같다.

  다윈의 『종의 기원』이 출간된 이후, 원숭이에게 한쪽 자리를 내주었던 우리 인간들이 이제 인간과 기계가 공생하는 트랜스휴머니즘 시대에는 이 삼위일체 신에게 그 남은 반쪽 자리마저 내주어야 할지도 모른다. 어영부영하다 보면, 그나마 깔고 있던 반쪽짜리 멍석마저 빼앗기고, 마지막으로 갈 곳은 '알코어 생명연장재단'에서 운영하는 '냉동 캡슐'밖에 없을지도 모른다. 솔직히 나는 삼위일체 신과 맞붙어 이길 자신은 없다. 그래서 처음부터 맞짱 뜰 생각은 해 본 적도 없다. 그래서 '어떻게 하면 그나마 비기는 경기를 할 수 있을까?' 고민하며 이 글을 쓰기 시작했다.

아직까지 이 대결을 한 방에 끝내 줄 신묘막측神妙莫測한 묘수를 찾지는 못했다. 하지만 나와 같은 생각을 하고 있는 이들과 함께 유쾌한 공동체를 작당하고, 동원할 수 있는 온갖 '줄'들을 엮어 '소셜스트럭팅(사회적 자본 구축)'을 하다 보면, 뭔가 그 길이 보이지 않을까?

이반 일리치는 『누가 나를 쓸모없게 만드는가』에서 "지금까지 만족스러운 행위를 표현할 때 쓰던 말은 대부분이 '동사'였지만, 이제는 오로지 수동적 소비를 하도록 고안된 상품을 가리키는 '명사'가 그 자리를 대체하고 있다"고 지적한 바 있다. 즉 이전에는 '배우다', '놀다', '쉬다'라고 했던 것들을 이제는 '학점', '게임', '힐링'이라는 말이 대신하고 있다는 것이다. 이 둘 사이에는 건널 수 없는 큰 차이가 존재한다. 학점을 따고, 게임을 하고, 힐링을 하는 것은 나 혼자서도 할 수 있지만 배우고, 놀고, 쉬는 것은 누군가가 있어야만 할 수 있기 때문이다. 그러므로 '명사'를 '동사'로 바꾸기. 여기서부터 다시 시작해 보려고 한다. 이제 내가 먼저 엄지손가락 하나를 척 올린다. "나랑 같이 놀 사람, 여기 붙어라."

2016년 4월

이 은 경

차 례

머리말   3

1. 기계시대의 도래 - 「은하철도 999」를 추억하며   9
   제2 기계시대   13
   생각하는 기계, 인공지능의 등장   21
   인간과 기계의 대결   25

2. 인간과 기계의 공생, 트랜스휴머니즘 시대가 오다   32
   포스트휴먼, 새로운 인류가 나타나다   41

3. 새로운 인류, 포스트휴먼을 위한 교육   49
   각자도생을 넘어 소셜스트럭팅으로   55
   역시 사람이 희망이다   65
   유비쿼터스 무료 콘텐츠의 활용   71
   불편은 나의 힘   75

인용 도서   82

1. 기계시대의 도래 - 「은하철도 999」를 추억하며

얼마 전, 「응답하라 1988」이라는 드라마가 엄청난 인기를 끌면서 80년대에 대한 향수를 불러 일으켰다. 나 역시 꼭 그 세대로, 그때를 생각하면 즐겨 보았던 TV 만화영화들이 줄줄이 떠오른다. 「엄마 찾아 삼만 리」, 「미래소년 코난」, 「천년여왕」, 「요술공주 밍키」, 「마루치 아라치」, 「로보트 태권 V」, 「독수리 오 형제」 등 이루 헤아릴 수도 없이 많은 만화들과 함께 성장했다고 해도 과언이 아니다. 과학반 활동을 하며, '과학자'를 꿈꾸었던 나는 「달의 요정 세일러문」, 「들장미 소녀 캔디」 같은 만화보다는 「우주소년 아톰」, 「그랜다이저」 같은 SF만화들을 즐겨 보았다.

그리고 내가 가장 좋아했던 만화 중 하나는 영원한 생명을 가진 기계인간이 되기 위해 999호 열차를 타고 안드로메다로 가는 소년과 그 소년을 도와주는 금발 미녀의 모험과 우정을 그린 SF만화였다. 이쯤이면 다들 눈치챘을 것이다. 바로 「은하철도 999」다.

갈색 곱슬머리에 땅딸막한 소년의 이름은 '철이', 검은 옷을 입은 금발 미녀의 이름은 '메텔'. 그 이름을 떠올리는 것만으로도 주제가와 함께 시작하던 열차의 기적소리가 들리는 듯하다. 일요일 아침마다 "기차가 어둠을 헤치고 은하수를 건너면, 우주 정거장에 햇빛이 쏟아지네"로 시작하는 주제가가 흘러나오던 순간의 두근거림을 잊을 수가 없다. 눈을 감으면, 그때 그 시절로 돌아간 듯 지금도 설렌다.

「은하철도 999」는 마츠모토 레이지松本零士가 창작한 것으로, 먼 미래의 지구를 배경으로 한 만화다. 「은하철도 999」는 영원한 생명을 의미하는 기계 몸을 갖기 위해, 다시 말해 '기계인간'이 되기 위해 지구에서 안드로메다로 가는 우주여행 중에 주인공 철이가 겪는 모험을 그리고 있다. 이 만화는 '메가로폴리스'라고 하는 인류가 이룩한 최첨단 기계화

도시에서 시작한다. 이 도시는 은하철도가 출발하는 곳이자 부富의 상징으로, 영원한 생명인 기계 몸을 가진 부유층, 즉 '기계인간'들이 살고 있는 곳이기도 하다. 그리고 이 도시 주변에는 기계 몸을 갖지 못한 사람들과 돈을 벌어 기계인간이 되고자 하는 사람들이 모여 슬럼가를 형성하며 살고 있다. 주인공 철이 역시 영원한 삶에 대한 동경으로 엄마와 함께 안드로메다로 가기 위해 메가로폴리스에서 일하던 중, 기계백작의 인간 사냥으로 엄마를 잃게 된다. 이후 기계백작에 대한 복수를 결심한 철이는 결국 999호의 승차권을 훔치게 되고, 경찰에 체포될 위기에 빠진다. 그때 철이 앞에 신비의 여인 메텔이 나타나 자신과 함께 안드로메다로 여행을 떠나면 아무 조건 없이 999호의 승차권을 주겠다는 제의를 한다. 이 제안을 받아들인 철이는 엄마를 닮은 메텔과 함께 안드로메다로 가는 우주여행을 시작한다.

　이 만화의 주인공은 물론 철이와 메텔이지만, 빼놓을 수 없는 것이 바로 이들을 실어 나르는 '은하철도 999호'다. 지구의 메가로폴리스에서 기계행성 안드로메다로 철이와 메텔을 태우고 가는 우주

기차 '999호'는 19세기 중엽부터 20세기 중엽 사이에 운행되던 증기기관차의 모양을 본떠 만들어졌다. 그러나 내부는 인공지능으로 되어 있어서 기관사 없이 '무인無人' 상태로 운행되는, 인공지능을 가진 '자율 운행 열차'다. 뿐만 아니라 역에 정차할 때나 출발할 때는 일반 기차처럼 철로 위를 달리지만, 우주에 들어서면 비행기처럼 하늘을 날아간다. 이 만화영화에서 빼놓을 수 없는 또 하나의 주인공은 바로 은하철도 999호의 '차장'이다. 푸른색 제복에 999호 완장을 차고 있는 차장은 몸이 보이지 않는 투명 인간이기 때문에 항상 제복과 모자를 쓰고 있고, 다른 사람 앞에서 몸을 보이는 것을 매우 싫어한다.

「은하철도 999」의 배경이 되는 미래는 서기 2000년대로, 우리나라에서 만화가 상영되던 80년대 초에는 감히 상상할 수도 없는 정말로 먼 미래처럼 여겨졌다. 그러나 지금 우리는 그 먼 미래의 어느 순간인 2016년을 살고 있다. 게다가 타임머신을 타고 과거와 미래를 오가는 시간 여행 영화인 「백 투 더 퓨처Back to the Future」 시리즈 중 1989년에 제작된 2편에서 주인공 마티 맥플라이(마이클 J. 폭스 분)가 타임머신 자동차 '드로리언'을 타고 간 미래는 심지어 이미 지나가 버린 2015년이다. 「백 투 더 퓨처 2」의 주무대였던 2015년을 우리가 살았던 2015년과 단순히 비교할 수는 없지만, 영화를 보면서 '정말 그런 날이 올까, 그런 일이 가능할까?' 생각했던 것들 중에는 이미 실현된 것들도 있다. 전자 안경과 3D 영화, 종업원 없는 무인 식당, 공중 비행 카메라(드론), 음성인식이 가능한 다중채널 TV, 영상통화 등은 이미 우리에게 익숙한 것들이 되었고, 이제 곧 상용화를 앞두고 있는 것들도 있다. 「은하철도 999」나 「백 투 더 퓨처 2」를 보던 때가 지금으로부터 겨우 20~30년 전이지만, 그때는 '정말 기계인간이라는 게 가능한 일일까?' 또는 '저런 장비들을 사용할 날이 올까? 에이 설마……' 하는 생각을 했던 것 같다. 그러나 지금 그것이 우리 눈앞에서 펼쳐지고 있다.

제2 기계시대

『제2의 기계시대 The Second Machine Age』라는 책을 쓴 경제학자 에릭 브린욜프슨 Erik Brynjolfsson과 MIT

연구원 앤드루 맥아피Andrew McAfee에 따르면, 우리는 이미 오래전부터 기계시대를 살고 있으며, 심지어 '제2 기계시대'에 들어섰다. 인류 역사에서 괄목할 만한 발전이 일어나거나 갑작스런 변화가 나타났을 때는 반드시 획기적인 기술의 발전이 있었다. 그 첫 번째가 18세기 말 제임스 와트James Watt가 개발한 증기기관이었고, 이로 인해 산업혁명이 촉발되었다. 이 시기를 기술혁신이 인류 발전의 원동력이 되었던 첫 번째 시대라는 의미에서 '제1 기계시대'라고 한다면, '디지털' 기술의 힘으로 경이로운 발전을 거듭하고 있는 오늘날은 '제2 기계시대'이다. 제1 기계시대에는 기계가 인간의 육체적 노동을 대신함으로써 인간의 '육체적' 능력이 강화되었다면, 제2 기계 시대에는 '디지털' 기술의 힘으로 인간의 '정신적', '지적' 능력이 강화될 것이다.

이밖에도 브린욜프슨과 맥아피에 따르면 '제2 기계시대'에는 다음과 같은 일들이 일어난다고 한다. 첫 번째는 '기하급수적인 성장'이다. 1965년 인텔의 공동 창업자인 고든 무어Gorden Moore는 '마이크로칩에 저장할 수 있는 데이터의 양이 18개월마다 2배씩 증가할 것'라고 예상했다. 일명 '무어의 법칙'이라는 것인데, 40여 년 동안 이 법칙은 기가 막히게 잘 들어맞았다. 그러나 2000년대에 들어선 이후, 디지털 성능은 2배가 아닌 어마어마한 속도로, 그야말로 기하급수적인 속도로 성장하고 있다. '아이폰'을 예로 들어 보자. 애플의 '아이폰 2G'가 세상에 모습을 드러낸 것은 2007년 1월이었다. 그리고 18개월 후인 2008년 7월에 용량은 커졌지만 가격은 더 저렴해진 3세대 '아이폰 3G'가 출시되었고, 9개월 후인 2009년 6월에는 더 빠른 CPU를 장착한 '아이폰 3GS'가 나왔다. 그리고 꼭 1년이 지난 2010년 6월에는 멀티태스킹 기능을 탑재한 '아이폰 4'가 나오더니, 이듬해인 2011년 10월에는 시리siri를 장착한 '아이폰 4S', 그리고 2012년 9월에는 '아이폰 5', 1년 후인 2013년 9월에는 5가지 색깔의 폴리카보네이트 소재로 만들어진 '아이폰 5C'와 지문 인식 감지기가 달린 '아이폰 5S'가 동시에 나왔다. 그 후로 2014년에는 '아이폰 5S'보다 0.7mm 더 얇아진 '아이폰 6'가 나왔고, '6 플러스'에는 손 떨림 보정 기능까지 탑재되어 사진을 찍을 때 흔들리는 것을 카메라가 알아서 잡아 주기까지 한다. 그리고 작년(2015년) 9월에 '아이폰 6S'가 나왔다. 그러나 이제 곧 '아이폰 6SE'가 나올 예정이라고 하고, 올해 안으로 '아이폰 7'이 출시될 거라는 소문이 벌써 돌고 있다. 이처럼 디지털 분야의 성장은 가히 상상을 초월할 정도이다.

두 번째는 '디지털 정보의 양이 어마어마해진다'는 사실이다. 눈만 뜨고 나면 새로운 정보들이 쏟아져 나온다. 나는 페이스북 친구가 고작 300명도 되지 않지만 날마다, 아니 실시간으로 업데이트되는 친구들의 소식을 다 따라가지 못한다. 어디 그뿐이랴! 이렇게 많은 정보들이 그 형태를 가리지 않고 디지털화되고 있다. 그러니까 '만물이 디지털로 바뀌고 있다'해도 과언이 아니다. 그리고 이렇게 디지털화되었을 때, '재생산의 한계비용은 제로'에 가까워진다. 다시 말해, 디지털 정보는 아무리 써도 썩거나 없어지지 않고, 디지털화된 자료들을 복사하는 데 드는 비용도 매우 저렴하거나 심지어는 거의 들지 않는다. 자료들을 USB나 다른 외장 하드에 옮길 때, 혹은 전자우편으로 보낼 때처럼 말이다. 뿐만 아니라 디지털 정보는 복사를 해도 대개는 원본과 완전히 똑같다. 그래서 디지털 시대에는 '오리지널' 혹은 '원조' 같은 개념도 점점 무의미해지고 있다.

세 번째는 '재조합의 혁신'이다. 제2 기계시대, 즉 요즘 우리 시대에 혁신이란 엄청나게 새로운 무엇인가를 통해 일어나는 것이 아니라, 기존에 이미 발명된 것 혹은 우리가 이미 사용하고 있는 것들을 새로운 방식으로 '재조합'하는 것을 통해 일어난다는 것이다. 그러다 보니 여기저기서 '융합', '융복합'이라는 말을 듣게 된다. 정부 부처 중 하나인 미래창조과학부 안에도 '융합기술과'라는 부서가 있으며, 인터넷 검색창에 '융합기술'이라고 치면, '차세대융합기술연구원', '융합기술지원센터', '융합기술공학과', '한국IT융합기술협회' 등 수많은 기관과 연구소, 단체들의 이름을 볼 수 있다.

이런 상황에 직면하여 피터 노왁Peter Nowak은 공상 과학 소설가이자 미래학자였던 아서 C. 클라크Arthur C. Clarke의 "최첨단 기술은 마법과 구별되지 않는다"라는 말을 인용하면서, 이렇게 기존에 발명된 다양한 부품들이 새롭고 흥미로운 방식으로 재결

합하는 것이 바로 '진정한 마법'이라고 말한다. 그러나 이보다 더 중요한 것은 이러한 능력 덕분에 인류 역사상 중요하고, 그 유례를 찾을 수 없는 두 가지 사건이 일어났다는 사실이다. 첫 번째는 유용하고 쓸모 있는, 즉 진정한 의미에서의 '인공지능'이 출현했다는 것이고, 두 번째는 공통의 디지털망을 통해서 세계 대부분의 사람들이 연결되었다는 것이다. 그리고 이것을 통해 '유비쿼터스 컴퓨팅ubiquitous computing'이 가능해졌다.

유비쿼터스란 '언제 어디에나 존재한다'는 뜻의 라틴어로, 사용자가 네트워크나 컴퓨터를 의식하지 않고 장소에 상관없이 자유롭게 네트워크에 접속할 수 있는 환경을 말한다. 그리고 이것은 곧 컴퓨터 관련 기술이 우리의 생활 구석구석에 들어와 있다는 것을 의미하기도 한다. 그러나 여기서 한 걸음 더 나아가 이제는 인간이 아닌 "하나의 기계가 그 시스템 안에 있는 다른 모든 기계의 자원과 파워를 이용하는 방식으로 연결되는 세상"(노와, 25)이 도래하고 있다. 예를 들면, 스스로 운전하는 '자율 주행 자동차'와 사용자가 조정하지 않아도 직접 알아서 데이터를 공급하고 조절하는 '사물인터넷Internet of Things, IoT' 등이 그러하다. 2010년 구글은 실제 교통 상황에서 자율 주행 자동차가 운행하는 데 성공했다고 발표했으며, 사물인터넷IoT 기술은 자동차의 주유 상태, 주차 위치 등을 체크하거나 자동으로 온도를 조절하고 대테러 감지 시스템을 작동시키는 등 다양하게 사용되고 있다. 우리나라에서는 집 밖에서 스마트 기기를 통해 집 안의 전등, 보일러 등을 켜고 끄는 홈 IoT 기술이 이미 일상생활에서 사용되고 있다.

이러한 최첨단 과학시대, 제2 기계시대에 접어들면서 '유비쿼터스 컴퓨터'가 언제 인간의 지능을 뛰어넘을 것이냐 하는 것에 사람들의 관심이 쏠리고 있다. 물론 기계가 인간의 지능을 뛰어넘는 데는 상당한 시간이 걸릴 테니 지금부터 염려할 일은 아니지만, 그렇다고 그렇게 먼 미래의 일만도 아닐 것이다. 우리에게는 '커즈와일 디지털피아노'로 더 많이 알려져 있는 발명가이자 미래학자인 레이 커즈와일Ray Kurzweil은 2045년에는 그것이 가능할 것이라고 예상하면서, 이것이 '인류 진화의 전환점'이 될 거라고 확신하고 있다. '싱귤래리티singularity' 시대가 가까이 다가오고 있다는 것이다. 싱귤래리티는 본래 '일반적인 물리학 법칙이 더 이상 적용되지 않는 시공간의 한 점'을 가리키는 말이지만, 현실 세계에서는 아직 그런 일이 벌어지지 않았기 때문에 "상상하기 어려운 미래"(노와, 31)를 의미하는 말로 쓰인다. 과학기술적인 의미에서 이 말을 처음 사용한 사람은 영국의 수학자인 어빙 존 굿 Irving John Good으로, 1964년에 그는 인간보다 똑똑한 컴퓨터, 일명 '슈퍼 지능 컴퓨터'가 발명되면 필연적으로 '지능의 폭발'이 일어나고, 인간의 지능은 컴퓨터보다 뒤쳐질 것이라고 하면서 "최초의 초강력 인공지능 컴퓨터는 인간이 만든 마지막 발명품이 될 것"(노와, 33)이라는 무시무시한 말을 남기기도 했다. 굿이 남긴 이 말은 유한한 존재인 우리 인간에게 미래에 대한 두려움을 넘어 공포를 불러일으키기에 충분하다. 아직까지 우리는 「은하철도 999」의 '메가로폴리스'가 현실 세계에서 이루어지거나, 우리보다 뛰어난 인공지능 컴퓨터 혹은 기계인간과 함께 살아가는 세상에 대해 진지하게 생각해 본 적이 거의 없었기 때문이다.

생각하는 기계, 인공지능의 등장

그렇다면 인공지능은 대체 언제부터 생겨났을까? 그것은 지금으로부터 60년 전인 1956년 여름으로 거슬러 간다. 전산학자이자 인지과학자 그리고 수학자이기도 했던 존 매카시John McCarthy의 제안으로 첨단과학 분야의 내로라하는 학자들이 미국 뉴햄프셔 주의 하노버에 위치한 다트머트 대학에 모였다. 이들이 모인 이유는 '인간 지능의 모든 측면을 그대로 재현하는 기계'를 만들기 위한 방법을 연구하기 위해서였다. 그리고 이 모임을 주최했던 매카시는 이 기계를 '인공지능artificial intelligence'이라 부르자고 제안했고, 일명 '다트머트 학회'라 불리는 그곳에서 이 신조어는 만장일치로 채택되었다. 이후 매카시는 인공지능에 대한 연구 업적을 인정받아 1971년에 '컴퓨터 과학의 노벨상'이라 불리는 '튜링상'을 수상하기도 했다. 어쨌든 이후 인공지능에 대한 연구는 다양한 방식으로 진행되어 왔다. 물론 처음부터 그리 성공적이지는 않았다.

세계 바둑 챔피언 이세돌 9단과 '알파고AlphaGo'의 세기적인 대결 '구글 딥마인드 챌린지 매치'를 소개하는 포스터를 보면 인공지능 바둑 시스템 알파고는 인공두뇌를 지닌 '인간'의 모습으로 그려져 있다. 정말 인공지능은 이 포스터의 모습처럼 혹은 「은하철도 999」에 나오는 '메텔'이나 기계백작처럼 우리 인간들과 비슷하게 생겼을까? 그럴 수도 있을 것이다. 그러나 대부분의 경우는 그렇지 않을 것이며, 경우에 따라서는 아예 형체가 없을 수도 있다. 그리고 분명한 것은 이세돌 9단과 대국을 치렀던 알파고는 결코 포스터에 나오는 인간의 형상을 하고 있지 않다는 사실이다.

어린 시절 보았던 만화영화 중에 「똘이장군」이라는 만화가 있었다. 1978년에 극장용 애니메이션으로 제작된 것인데, 1편 「간첩 잡는 똘이장군」, 2편 「제3땅굴」이라는 제목이 암시하듯, 반공을 주제로 한 만화영화였다. 그리고 만화영화에 등장하는 붉은 수령은 인간 가면을 쓴 '돼지'로, 남파 간첩 두목은 '제1 공작원 불여우'로, 북한군은 '늑대'로 나온다. 이 만화영화를 본 후, 초등학교 시절 내내 난 정말로 북한군은 늑대이거나 우리 남한 사람들과는 다르게 생긴 줄 알았다. 그러나 시간이 한참 흐른 후, TV에 나온

김일성과 북한 사람들의 실제 모습을 보고 정말이지 깜짝 놀랐다. 그들도 나와 똑같이 생겼던 것이다. 그들은 돼지도, 늑대도, 여우도 아니었다. 그들은 사람이었다.

이렇게 이미지나 형상은 우리의 의식을 반영한다. 하지만 반대로 이미지나 형상이 우리의 의식을 지배하기도 한다. 고상하게 말하자면, '세뇌'라고나 할까? 그렇다면 혹시 알파고도 이런 이유 때문에 그렇게 그려졌을까? 아마도 그럴 것이다. 인공지능 컴퓨터를 인간의 형상으로 묘사한 것은 인간과 비슷한 모습의 물체에 친근감을 느끼는 인간의 본능을 이용하기 위해 컴퓨터를 의인화시킨 것이다. 김일성과 북한군을 돼지와 늑대, 여우의 형상으로 이미지화하여 그들에 대한 적대감, 이질감을 불러 일으키고, 그들을 무시하려는 의도가 다분히 있었던 것이라면, 인공지능 알파고를 인간의 형상으로 묘사한 것은 일반인들이 갖게 될 인공지능에 대한 거부감을 줄이기 위해서였을 것이다. 그래서 의인화의 경향은, 제리 카플란Jerry Kaplan이 이미 지적하고 있듯이, "기계들의 외양이나 행동도 인간과 비슷하며, 기계들도 사회적인 관습을 이해하고 받아들일 수 있다"고 착각하게 만든다.

'기계는 역시 기계일 뿐이지. 인공지능 컴퓨터가 아무리 똑똑해도, 설령 인간보다 뛰어나다고 해도 기계는 기계지. 어떻게 사람과 똑같을 수가 있겠어?'라던 사람들의 생각이 이세돌 9단과 알파고의 대국을 보고 난 후에는 바뀌었다. 알파고의 첫 경기를 보고서는 "역시 컴퓨터는 감정이 없다. 그래서 상대에 따라 감정의 기복이 일어날 리 없다. 역시 기계는 기계다"라고 말했다. 그렇지만 알파고는 파격적인, 다른 말로 하자면, 인간보다 더 인간적인 수를 두었다. 그것을 보고 나니 알파고가 인간인 우리보다 더 자유로운 사고를 하고 있는 것처럼 느껴졌다. 이러다가 정말 우리 인간처럼 생각하는 인공지능이 조만간에 나오는 것은 아닐까 하는 생각마저 들었다. 이것은 마치 「은하철도 999」의 마지막 장면에서 '메텔'이 기계백작의 외동딸, 그러니까 메텔 역시 '기계인간'이라는 사실을 알게 되었을 때, 철이가 받은 충격과도 같을 것이다. 인간보다 더 인간적인 모습을 가진 기계인간은 상상만으로도 섬뜩하기 때문이다. 그리고 이번 이세돌 9단과의 대국에서 알파고가 보인 인간적인 모습을 보고 나니, '너는 기계고, 나는 인간이다. 그러니까 까불지 말라'고 언제까지 우길 수 있을지 자신이 없어졌다.

인간과 기계의 대결

지난 3월 9, 10, 12, 13일 그리고 15일, 장장 다섯 번에 걸쳐 진행되었던 이세돌 9단과 알파고의 세기의 대국을 두고 "컴퓨터에 대항하는 인간의 자존심을 건 승부"라고 하기도 하고, 이것은 단순히 '인간 대 기계'의 대결이 아니라 인간을 뛰어넘는 기계, 즉 '생각하는 기계Thinking Machine'의 존재가 출현하느냐 마느냐의 갈림길에 놓여 있는 미증유의 사건이라며 모두가 저마다의 입장에서 호들갑스러웠다.

다섯 번의 대국을 다 마치고 난 최종 스코어는 4 대 1. 알파고가 이겼다. 초반 자신감을 드러냈던 이세돌 9단이 처음 세 번의 대국에서 내리 패했을 때, 그 충격은 적지 않았다. "결과는 또 다시 이세돌 9단의 불계패. 더욱 강해지는 알파고는 이세돌이 넘을 수 없는 벽인가", "이세돌 3연패…… 한 판만이라도 이

거라"라는 반응과 함께 "결국 인간이 기계에게 진 것이냐"며 놀라움을 넘어 두려움을 표현하는 사람들도 있었고, "그래도 마지막 한 방을 보여 달라"며 응원하는 소리도 많았다. 또 다른 한편에서는 "1,200대 이상의 컴퓨터 CPU를 사용하는 알파고와의 대결은 이세돌 9단이 1,200명 이상의 프로 기사들과 대결하는 것과 마찬가지로, 이것은 바둑의 1대 1 원칙에 위배된다. 그러므로 이 대국을 당장 그만두어야 할 뿐만 아니라, 구글은 전 세계 바둑인을 포함한 인류에게 사죄해야 한다"며 목소리를 높이는 이들도 있었다. 이렇게 이 세기의 대결을 바라보는 시각의 스펙트럼은 참으로 다양했다. 그러나 네 번째 대국에서 이세돌 9단이 승리를 거머쥐며 한숨을 돌렸다. 하지만 마지막 다섯 번째 대국에서 다시 패함으로써 인간과 기계의 대결에서 인간이 완패했다. 이로써 갈수록 빠른 속도로 발전하는 인공지능 기술이 어디까지 발전할 것이며, 이것이 우리의 생활방식에 어떠한 영향을 얼마나 미칠 것이냐에 대한 질문과 함께 두려움은 더욱 커져 버렸다.

물론 인간과 기계의 대결이 이번이 처음은 아니

다. 1997년에 이미 '딥블루Deep Blue'라는 체스 프로세서와 세계 체스 챔피언인 게리 카스파로프Garry Kasparov의 대결이 이루어졌다. 물론 '딥블루'가 이겼다. 그리고 2011년 2월 14일과 15일에 IBM은 '왓슨Watson'이라는 매우 '인간적인' 이름을 가진 슈퍼컴퓨터를 TV 퀴즈쇼인 「제퍼디!」에 참가시켰다. '왓슨'이라는 이름은 IBM의 전설적인 CEO 토머스 왓슨Thomas Watson의 이름을 기리기 위해서 따온 것이었다. 이날 왓슨의 상대는 2004년 「제퍼디!」 쇼에서 가장 많이 우승했던 켄 제닝스와 이듬해 최종우승자대회에서 제닝스를 물리친 브래드 류터였다. 결과는 왓슨의 완승이었다. 왓슨은 놀라운 학습 속도와 함께 질문에 얼마나 공격적인 태도로 답할 것인지 그리고 얼마나 보수적인 태도로 정확한 답을 찾을 것인지에 대한 비율을 적절히 조절하며 놀라운 실력으로 문제들을 풀어갔다. 그뿐 아니라 왓슨의 단추 누르는 속도가 너무 빨랐기 때문에 제닝스와 류터는 대답할 기회조차 얻기 힘들었다. '왓슨'의 승리는 당시 사람들에게 땅이 꺼지는 것처럼 절망스럽고 기절할 만큼 충격적인 일이었지만, 이미 오래전부터 인공지능의 잠재력을 알아본 IBM은 이 승리 이후, 기계학습 프로그램 연구에 매진하였다. 그리고 프로그램된 일만 하는 것이 아니라, 마치 인간이 스스로 직관을 개발하고 본능에 따라 행동하는 것처럼 답을 찾아내는 프로그램에 '인지 컴퓨팅cognitive computing'이라는 이름을 붙였다.(카플란, 2016)

그리고 2016년 3월, 우리나라에서 이세돌 9단과 알파고의 대국이 이루어졌던 것이다. 결과는 모두가 알다시피 알파고가 이겼다. 솔직히 나는 처음부터 알파고가 우승하리라 예상했다. 알파고는 다양한 바둑 소프트웨어와의 대국과 2015년에 있었던 판 후이 2단과의 대국에서 전승全勝하며 그 위력을 이미 보여 주었다. 뿐만 아니라 알파고는 주어진 일, 그러니까 바둑에 있어서는 우리 인간이 할 수 있는 것보다 더 빨리, 더 정확하게, 더 적은 비용으로 그 일을 해 낼 수 있도록 프로그램 되어 있기 때문이다. 다시 말해, 알파고는 '기계학습machine learning'과 '신경망 neutral networks' 프로그래밍이라는 것으로 구성되어있는데, '기계학습'이란 자신의 동작을 스스로 개선할 수 있는 슈퍼컴퓨터의 능력을 말한다. 한마디로, 알파고는 '스스로 학습이 가능한 기계'라는 말이다.

　인공지능 연구 초창기에 대부분의 컴퓨터 프로그램은 먼저 이걸 처리하고, 다음에는 저걸 처리하는 식의 '구조화' 프로그래밍 기술을 사용하고 있었다. 또한 당시 컴퓨터는 한정된 메모리 안에서만 데이터를 처리하고, 결과를 저장하는 독립적인 기계였기 때문에, 지금처럼 두 대 이상의 컴퓨터를 연결하거나 다른 곳에 정보를 저장하거나 또는 다른 곳에 있는 정보를 불러오는 것과 같은 '네크워킹'은 불가능했다. 이후 일련의 인공지능 연구자들이 이러한 문제를 해결하고자 정보에 유연한 방식으로 접근하는 인간의 두뇌에 주목하게 되었다. 그 결과 인간의 뇌 속에 있는 뉴런neuron이 여러 가지 신호들을 주고받는 것에서 착안하여 새로운 시뮬레이션 프로그램을 만들게 되었고, 인공지능을 의인화하는 추세에 따라 '신경망' 프로그래밍이라고 이름 붙였다. 이러한 기능들을 갖춘 인공지능 컴퓨터는 기계학습과 빅데이터 등을 통해 정보의 형태에 구애받지 않게 되었는데, 이것은 사진 속 물체나 패턴에 나타나는 여러 모양들까지도 정보의 형태로 인지할 수 있게 되었다는 말이다. 또한 우리는 상상할 수도 없는 방대한 양의 데이터를 활용할 뿐만 아니라, 그것들을 우리가 알아챌 수도 없을 만큼 눈 깜짝할 사이에 처리할 수도 있다. 그 결과, "현재의 기계학습 시스템은 필요한 내용을 부호화하고 일일이 가르쳐 주거나 문제를 푸는 방법을 지시하는 인간의 그늘에서 벗어났으며, 인간이 풀기 힘들 만한 문제를 척척 풀어내면서 창조자인 인간의 능력을 순식간에 넘어서고 있다."(카플란, 52) 그리고 인공지능 컴퓨터의 이러한 능력을 우리는 구글의 검색 엔진, 아마존의 도서 추천, 페이스북의 얼굴 인식 등을 통해 이미 일상 속에서 매순간 경험하고 있다.

스탠포드 대학의 법정보학센터 교수이자 인공지능학자인 제리 카플란은 '알파고'처럼 기계학습, 신경망, 빅데이터big data, 유전 알고리즘genetic algorithm 등을 사용하는 기계를 인공지능artificial intellect 대신 '인조지능synthetic intellect'이라고 부른다. 'artificial'은 사람이 인위적으로 만들어 냈다는 의미가 강하다면, 'synthetic'이라는 말은 기계 스스로가 종합하거나 통합해서 뭔가를 만들어 낼 수 있다는 데 중점을 둔 셈이다. 이것은 한편으로는 인조지능을 갖춘 기계가 스스로 학습·발전할 수 있다는 말이고, 다른 한편으로는 그래서 이 기계가 어디까지 발전할 것인지 알 수 없다는 말이기도 하다. 우리는 아직 그 능력의 한계를 알 수 없다. 그래서 혹자는 이제 「은하철도 999」의 기계인간 같은 '인조지능'을 가진 인류가 등장할 거라고 호들갑을 떨면서 그것을 막기 위해서는 인공지능과 로봇공학 연구를 멈추어야 한다고 주장하기도 한다. 그리고 미국의 유명 유투브 업로더인 그레이 같은 이들은 자동화, 인공지능, 로봇공학 등으로 인해 점점 더 많은 노동자들이 일자리를 잃어 가는 현실을 고발하는 「인간은 지원하지 마십시오 Humans need not apply」라는 동영상을 만들어 유포하기도 했다(이 동영상은 인터넷에서 검색 가능하다).

정말 인공지능을 가진 로봇, 즉 기계인간이 인간을 넘어서 인류를 지배하는 때가 올까? 우리는 지금처럼 엄청난 속도로 발전하고 있는 기계를 어떻게 받아들여야 할까?

2. 인간과 기계의 공생, 트랜스휴머니즘 시대가 오다

　17년 동안 테크놀로지에 대한 글을 써 온 과학전문 기자 피터 노왁Peter Nowak은 생물학적인 발달, 환경의 변화 그리고 기술혁신으로 인해 새로운 진화를 겪고 있는 현재 인류를 '휴먼 3.0Humans 3.0'이라 이름 붙이고, '미래 사회를 지배할 새로운 인류'를 '휴먼 4.0'이라 부른다. 우리가 이전과는 다른 새로운 버전의 인류로 진화하고 있을 뿐만 아니라 우리의 일을 대신해 주는 기계들이 언제나 우리 주위에 널려 있고共存, 앞으로는 이 기계들과 더욱 친밀하게 살아가야만共生 하는 시대에 접어들었다는 말이다.
　인공지능 기술이 비약적으로 발전한 2000년 이

후, 다양한 영역에서 기계와 인간의 공생 혹은 협업은 이미 시작되었다. 2000년부터 '다빈치Da Vinci'라는 로봇은 자궁 절제와 탈장 봉합수술에서 의사를 보조하고 있으며, 2013년 북아일랜드 뉴리에 있는 데이지 힐 병원에서도 로봇 의사가 진료를 시작했다. 뿐만 아니라 중국 하얼빈에서는 2012년 로봇 요리사와 웨이터가 운영하는 식당이 문을 열었으며, 같은 해 베이징에서는 앞뒤로 왔다 갔다 하면서 국수를 가늘게 자르는 '누들봇'이 등장했다.(노왁, 2015) 그리고 이번 이세돌 9단과 알파고의 대결은 우리나라뿐 아니라, 전세계인들에게 인공지능 컴퓨터가 얼마나 우리 가까이에 와 있는지를 직접 보여 주며 '내 안에 너 있다'는 것을 말 그대로 실감하게 만들었다. 알파고의 위력적인 성능을 눈으로 지켜본 시민들의 반응은 다양했다. "이세돌의 정신력에 감동했다. 하지만 인공지능의 위력에 더 감탄했다", "인간과 AI의 새 시대를 열었다", "인공지능에 대한 사회적 지원을 강화해야 한다", "기계가 인간의 구실을 대신하는 시대에 아이들을 어떤 재능으로 키워야 할지 걱정이다" 등. 알파고를 만든 구글 개발자들도 예상치 못한 아니, 우리 모두의 예상을 모조리 뛰어넘는 인공지능의 엄청난 실력 앞에 일반 시민들뿐만 아니라, 바둑계와 과학계 모두 깜짝 놀라고 있다. 그리고 다섯 번의 대국이 끝난 지금, 한국기원은 이세돌 9단을 무려 4대 1로 이긴 알파고에게 '명예 9단'을 수여하기까지 했다. 그러나 우리가 이미 기계시대를 살고 있으며, 심지어 그것이 두 번째 기계시대라는 사실을 알지 못하거나 인정하고 싶지 않은 이들도 아직 있을 것이다. 그러나 그보다 더 우리를 당혹스럽게 만드는 것은, 우리가 이러한 사실을 받아들이고 익숙해질 때까지 기다리지도 않고 그들이 이미 우리 삶 깊숙이까지 들어와 있다는 사실이다.

KBS 특선다큐「미래를 창업하라」(2014년 12월 방영)에 출연했던 제리 카플란은 "기술이 천천히 발전한다면 새로운 기술을 배우고 적응할 여유가 있겠지요. 하지만 기술 발전이 매우 빠를 때, 그 영향력은 가히 파괴적입니다. 사람들은 직업을 잃게 될 것이고, 새로운 기술을 배울 시간이 없을 것이며, 사회에 쓸모없는 존재가 되겠지요. 우리가 직면한 가장 큰 문제는 이런 기술 발달에 가속도가 붙었다는 사실"이라고 하면서 우리가 이미 인간과 기계의 공생 시대에 들어섰고 이것이 필연적으로, 그것도 순식간에 일어날 수밖에 없음을 예고했다. 브린욜프슨과 맥아피 역시 같은 이야기를 우리에게 하고 있다. 이미 엄청난 속도로 진행되고 있는 기술의 진보가 컴퓨터와 로봇으로 상징되는 기계(인공지능)와 인간의 관계를 재설정하도록 우리를 몰아가고 있다고 말이다.

이렇게 인간이 기계와의 공생을 시작하고, 첨단 과학기술의 도움으로 인간의 생물학적인 한계를 넘어서려는 노력을 '트랜스휴머니즘transhumanism'이라고 부른다. '트랜스휴머니즘'이라는 용어를 처음으로 사용한 사람은 영국의 생물학자 줄리언 헉슬리Julian Huxley로, 그는 지금의 인류가 미래의 어느 시점, 커즈와일의 용어를 빌면 '싱귤래리티'에 도달하면, 인류는 전혀 새로운 다른 종류의 존재, 즉 현재 인간의 능력보다 모든 면에서 향상된 존재로 변화할 거라고 하면서, 인간향상이라는 의미에서 트랜스휴머니즘을 처음으로 사용했다.

근대 이후 우리 시대를 지배해 온 휴머니즘은 인

간의 유한성과 사멸성 즉, 죽음에 기반을 두고 있었다. 그러나 트랜스휴머니즘은 이러한 근대적인 휴머니즘을 극복하고자 하며, 나아가 과학기술 시대에 걸맞은 인간 이해를 모색하려고 한다. 이것을 추구하는 여러 담론들을 총칭하는 말이 바로 '트랜스휴머니즘'이다. 그렇다고 트랜스휴머니즘이 근대 휴머니즘의 가치들을 모두 거부하는 것은 아니다. 1980~90년대 트랜스휴머니즘을 이끌었던 맥스 모어Max More는 '이성과 과학의 존중', '진보에 대한 확신', '초자연적 내세보다 이승에서의 인간적 존재를 가치 있게 여기는 점'에서는 휴머니즘과 맥을 같이 하지만, 우리 삶의 본성이나 가능성의 '근본적인 변화를 인정하고 기대하는 점'에서 트랜스휴머니즘과 휴머니즘이 구분된다고 말한다. 한마디로, 트랜스휴머니즘은 최첨단의 생명기술, 정보기술, 나노기술 등을 활용해 인간의 정신적 혹은 육체적인 능력, 더 나아가 인간의 본성까지도 개선해야 한다고 촉구하는 운동이라고 할 수 있다(신상규, 2014).

트랜스휴머니즘은 1950~60년대에는 크게 주목받지 못하다가, 1970년대에 들어서면서 점점 대중

들에게 알려지기 시작했다. 대표적인 인물로는 페레이돈 에스판디어리Fereidoun M. Esfandiary를 꼽을 수 있는데, 그는 70년대 중반에 자신의 이름을 'FM-2030'으로 개명하기도 했다. '2030'은 에스판디어리가 100살이 되는 해로, 그는 그때가 되면 모든 사람들이 늙지 않고 영원히 살 수 있는 기회를 갖게 될 것으로 예상했고, 그런 기대를 닮아 자신의 이름을 'FM-2030'으로 바꾸었던 것이다. 이렇게 미래를 희망적, 낙관적으로 그렸던 FM-2030은 트랜스휴머니스트 안에서 '업윙어upwinger'라 불리는 그룹을 형성했다. 2030년이 되려면 이제 14년 남았다. 정말 그때가 되면 우리 모두는 영원히 살 수 있게 될까? 그건 차치하고서라도, FM-2030은 그때까지 살 수 있을까? 그것은 잠시 후에 이야기하자.

이후 90년대에 들어서면서 트랜스휴머니즘은 다시 주목받기 시작했다. 스웨덴 출신으로 옥스퍼드대학 인류미래연구소Future of Humanity Institute 소장인 닉 보스트롬Nick Bostrom은 데이비드 피어스David pearce와 함께 1998년에 '세계 트랜스휴머니스트 협회The World Transhumanist Association'를 설립했다. 이

때부터 트랜스휴머니즘은 컬트적 분위기에서 벗어나 학문적인 접근이 이루어졌다. 1960년대까지만해도 일명 '냉동인간'이라 불렸던 '인체냉동보존술 Cryonics'이 인간의 수명을 연장하는 방법 중 하나로써 실제로 이루어지고 있었다. 1962년에 『냉동인간 The Prospect of Immortality』이라는 책을 쓴 로버트 에팅어 Robert Ettinger는 자신의 생각에 지지하는 이들을 모아 1976년, 디트로이트에 '냉동보존연구소'를 설립하였다. 설립 당시 일종의 사기라는 여론도 만만치 않았지만, 현재까지도 '알코어 생명연장재단'과 '냉동보존연구소' 두 곳이 실제로 운영 중에 있으며, 알코어 재단에는 1천여 명의 살아 있는 회원과 100명의 죽은 회원이 가입되어 있다고 한다. 그리고 죽은 회원 100명 중에는 100세까지 살고 싶다는 소망을 이름에 담아 개명했던 FM-2030도 있다. 안타깝게도 그는 2000년에 암으로 세상을 떠났고, 지금은 '알코어 생명연장재단'에서 운영하는 냉동 캡슐 속에 고이 누워 있다. 이 캡슐에 자신의 신체 전부를 냉동하는 데는 20만 달러(우리 돈으로 약 2억 5천만 원), 머리만 보관하는 데는 8만 달러(약 1억 원)가 든다고 하니, 영원한 생명을 얻는 값치고는 생각보다 비싸지 않은 것 같다. 물론 그래도 나는 'NEVER', 절대 하지 않을 거지만.

보스트롬은 이후 트랜스휴머니즘에 대한 일종의 합의를 이끌어 내기 위해 앤더스 샌드버그 Anders Sandberg 등과 함께 「트랜스휴머니스트 선언문」과 「트랜스휴머니즘 FAQ」를 작성했다. 2002년에 개정된 선언문에는 트랜스휴머니즘이란 "노화를 제거하고, 인간의 지성적·육체적·심리적 기능을 향상시키는 기술을 개발하고 확대함으로써 인간 조건을 근본적으로 향상시키는 것의 가능성과 그 바람직함을 긍정하는 지적·문화적 운동"이라고 정의되어 있다. 다시 말해 인간의 지적 능력을 높이고, 노화와 죽음으로부터 인간을 해방시키는 등 인간의 능력을 지금보다 향상시킬 수 있는 잠재력이 과학기술에 있다는 것을 인정하고, 이것을 통해 새로운 인류, 즉 '포스트휴먼posthuman'으로 진화하는 것을 지지하며, 포스트휴먼의 존재 양식에 대해 연구하는 운동이 트랜스휴머니즘이라는 말이다.

현재 논의되고 있는 트랜스휴머니즘의 흐름은 크

게 두 가지로 나누어 볼 수 있다. 첫 번째는 '휴머니티 플러스humanity+'를 중심으로 한 흐름이다. 휴머니티 플러스는 기술 애호적이고, 극단적인 시장 자유주의적 관점을 가진 단체로, 실리콘 밸리의 백만장자들과 밀접하게 연결되어 있으며, 레이 커즈와일 등이 여기에 속한다. 이들은 개인의 선택과 자유를 가장 우선시하기 때문에 국가나 정부의 개입을 반대한다. 또한 자유 시장을 통해 모든 문제가 조정되거나 통제, 해결될 수 있다고 믿는 시장 중심 자본주의자들로, '자유주의적 트랜스휴머니스트'로 분류된다. 두 번째는 닉 보스트롬과 제임스 휴즈James Hughes가 공동으로 설립한 'IEET Institute for Ethics & Emerging Technologies'를 중심으로 한 흐름으로, 줄리언 사불레스쿠Julian Savulescu, 앨런 뷰캐넌Allen Buchanan 같은 생명윤리학자들이 여기에 포함된다. 이 흐름에 속한 이들은 자신들을 '기술진보주의자'로 분류한다. 이들이 '자유주의적 트랜스휴머니스트'들과 다른 점은 문화적으로는 자유주의자이지만, 경제적으로는 시장자본주의가 아닌 사회민주주의를 받아들인다는 점이다. 다시 말해, 이들은 인간이 사용하는 기술은 우선 안전해야 하고, 소수의 돈 있는 사람들에게만 그 혜택이 돌아가서는 안 된다고 주장한다. 그러나 여전히 자신의 신체를 제어, 통제할 수 있는 개인의 권리도 존중한다는 점에서 개인주의적 자유주의자의 모습을 가지고 있다.(신상규, 112-114) 트랜스휴머니즘이 이렇게 다양한 집단의 다양한 목소리를 모두 가지고 있는 매우 복잡한 성격의 운동이다 보니, 아직까지 트랜스휴머니즘에 대해 완벽하게 합의된 정의나 개념은 없다. 그러나 이세돌 9단과 알파고의 대결 이후, 우리나라에서도 인간향상기술과 트랜스휴머니즘, 포스트휴먼에 대한 논의들이 일어나고 있으며, 이렇게 인간의 능력을 향상시키거나 그 한계를 넘어서려는 transhuman 현대의 과학기술은 어느새 '인간 이후 posthuman'를 꿈꾸고 있다(이진우, 2013).

포스트휴먼, 새로운 인류가 나타나다

인간의 불멸성과 영원성을 지향하는 트랜스휴머니즘은 인간과 기계의 융합을 추구하면서 그 가능성의 근거를 '인공지능 artificial intelligence, A.I.'에서 찾는다. 그래서 트랜스휴머니스트들이 인공지능을 연구하는 목적은 단순히 뛰어난 지능을 가진 기계를 만드는 것이 아니라, 결국에는 인간향상 기술을 통해 인간을 "인공적으로 초지능적 존재"(이진우, 298)로 만드는 것이다. 그렇다면 인공지능을 가진 컴퓨터 '알파고'와는 달리, 인간이 인공지능을 가진 존재가 된다는 것은 무슨 의미일까? 이것은 두 가지로 해석될 수 있을 것이다. 하나는 인공지능을 통해 인간이 '슈퍼 지능을 가진 존재'가 되는 것이고, 또 다른 가능성은 '슈퍼 지능을 가진 로봇'이 인간을 대체할 수도 있다는 것이다.(이진우, 2013) 이러한 생각은 최근 만들어진 「트랜센던스Transcendence」(2014)나 「채피Chappie」(2015)와 같은 SF영화들에서 실감나게 그려졌다.

레이 커즈와일처럼 급진적인 트랜스휴머니스트들은 인간향상 기술을 통해 새롭게 탄생한 인간들이 비록 생물학적인 의미에서는 인간이 아닐 수도 있지만, 그래도 인간이라고 하면서 그들을 '인간-기계 지능human-machine intelligence'이라고 부를 것을 제안한다. 커즈와일의 주장을 그대로 받아들인다면, 「트렌센던스」에 나오는 천재 과학자 윌(조니 뎁 분)의 두뇌를 업로드한 슈퍼컴퓨터 '트렌센던스'는 생물학적으로는 인간의 육체를 갖고 있지 않지만, 인간이다. 왜냐하면 트렌센던스는 인간인 윌의 모든 경험과 생각 그리고 그의 의식에 이르기까지 생물학적인 육체를 제외한 윌의 모든 것을 가지고 있기 때문이다. 그렇다면 반대로 영화 「채피」에 등장하는 인간보다 더 인간적인, 그러나 만들어진 인공지능 로봇 '채피'는 뭐라고 불러야 할까? 스스로 학습도 가능하고, 심지어는 인간의 고유한 본성이라 여겨지는 정서적 감정까지 느끼고 공감할 줄 하는 채피는 인간일까, 아닐까? 만일 채피 같은 인공지능 로봇, 트렌센던스 같은 인공지능 컴퓨터가 실제로 등장한다면 어떻게 해야 할까?

1859년 찰스 다윈의 『종의 기원The Origin of Species』이 출간되었을 때, 신이 인간을 창조했다고 철석같이 믿고 있었던 당시 사람들은 하늘이 무너지고 땅이 꺼지는 듯한 충격을 받았다. 찰스 다윈은 이들로부터 "그렇다면 인간이 유인원에서 진화했다는 말이냐", "인간과 원숭이가 같은 혈족이냐", "둘이 같은 조상에서 나왔다는 말이냐" 등의 거센 반발과 격렬한 공격을 받았다. 특히 종교적이고 경건한 신앙을 가진 이들은 다윈의 발칙한 이론을 결코 받아들일 수 없었는데, 이러한 생각의 배후에는 인간은 생물과 무생물을 포함한 지구상의 다른 어떤 존재들과는 다른 특별한 존재 즉, 특권적 존재라는 생각이 깔려 있었다. 그러나 오늘날 인간을 뛰어넘어 생각하는 기계, 인공지능이 등장함으로써 우리는 이 문제와 관련해 그 어느 때보다도 훨씬 더 근본적이고, 포괄적으로 인간의 본성nature과 지위에 대해 생각해 보아야 한다.

인간이라면 누구나 질병 없이 건강하고, 명료한 정신으로 오래 오래 살고 싶어 한다. 그리고 이것은 첨단 의학기술의 도움을 받지 않고서는 불가능한 일이고, 이미 우리는 많은 부분에서 과학과 기술의 유익을 누리며 살고 있다. 미국 존스홉킨스 대학의 연구팀은 뇌에 연결된 128개의 전극을 이용해서 로봇 팔의 손가락까지 조정할 수 있는 시스템을 이미 선보인 바 있다. 아직은 실제 팔을 대신할 수 있을 만큼 정교한 동작을 하지는 못하지만, 지금처럼 기하급수적인 과학기술의 발달을 생각하면, 곧 그런 날이 오지 않을까? 아직은 좀 이른 듯도 하고 뜬금없기도 하지만, 그럼 그 사람을 뭐라고 불러야 할까? 그/녀는 여전히 우리와 '같은' 사람인가? 아니면 그들을 또 다른 '인류'로 분류해야 할까?

이진우는 "과학과 기술의 힘을 빌려 긴 수명과 건강, 신체적·인지적 능력, 감정의 통제에서 강화된 인간"을 사이보그 Cyborg라고 한다면, "우리 모두는 이미 사이보그나 마찬가지"라고 말한다(이진우, 13). 그리고 레이 커즈와일은 『특이점이 온다 The singularity is near』에서 이렇게 과학기술의 발달로 기계와 결합하여 사이보그화한 인류는 호모 사피엔스와는 전혀 다른 존재로 진화해갈 것이라고 예측하면서, 그러한 존재를 '포스트휴먼 posthuman'이라고 부른다. '세계 트랜스휴머니스트 협회'를 만든 보스트롬 역시 모든 면에서 기존 인간의 능력을 뛰어넘는 존재, 그래서 더 이상은 지금 우리가 생각하는 범주의 인간이라고 부를 수 없는 존재, 그 존재가 바로 '포스트휴먼'이라고 말한다. 다시 말해, '건강 수명', '인지', '감정'과 같은 인간의 세 가지 주요 능력에 있어서 현재 인간이 도달할 수 있는 한계를 넘어서는 존재가 '포스트휴먼'이다(신상규, 2014).

지금 우리는 과학 기술의 도움으로 정신적, 육체적인 질병으로부터 많이 자유로워졌으며, 로봇 팔의 예처럼, 이제는 신체의 일부를 기계로 대체하게 될 날이 멀지 않았다. 뿐만 아니라 생명 연장술 혹은 인체 냉동 보존술 등을 통해 생물학적인 죽음까지 극복하려고 한다. 이것을 가능하게 하는 기술, 즉 우리를 '포스트휴먼'으로 만들고자 하는 노력이 바로 '인간향상 기술Human Enhancement Technology'이다. 다시 말해서 인간향상 기술이란, 인간의 능력을 향상시켜 질병, 노화, 죽음으로부터 해방되게 하고, 우리 자신뿐만 아니라, 우리 자녀들의 본성까지 의식적으로 선택할 수 있도록 하는 과학기술을 말한다. 예를 들면, 영화 「가타카Gattaca」(1997)의 배경이 된 최첨단 유전공학과 우생학이 지배하는 미래 세계와 유사하다. 「가타카」에서는 태어나는 순간 그 아이의 예상수명, 질병, 성격 등을 판별할 수 있고, 이것을 통해 사회적 지위가 결정된다. 그러나 그런 사회에서도 여전히 주인공 '빈센트'처럼 유전자 조작 없이 부모의 자연 임신에 의해 태어난 아이들도 있고, 반대로 그의 동생 '안톤'처럼 열성인자를 제거하고 완벽한 우성 유전자를 선택해서 인공수정을 통해 태어나는 아이들도 있다. 영화 속에서는 이것을 선택하는 것이 전적으로 부모의 자유로운 선택으로 묘사되고 있지만, 현실에서는 그렇게 단순하지가 않다. 부모 자신의 향상을 넘어서 아직 태어나지 않은 자녀의 본성까지도 부모가 선택하는 것이 정당한가? 개인의 자유를 어디까지 허용할 것인가? 그리고 그보다 먼저 "그래도 되는 것일까?" 하는 물음이 제기될 수밖에 없다. 그래서 현재 인간의 생물학적인 한계를 초월하고자 하는 인간향상 기술은 이러한 유전자 조작과 관련해서 격렬한 논쟁의 한복판에 서 있다. 특히 인간에게 주어진 본성은 임의대로 수정되거나 변형될 수 없다고 여기는 '생명 보수주의자들'과 인간의 육체뿐 아니라, 본성까지도 기술적으로 바꿀 수 있다고 믿는 '기술적 트랜스휴머니스트' 사이에서 치열한 논쟁이 일어나고 있다. 그리고 이 논쟁의 중심에서 이들이 말하는 새로운 인류, 즉 '포스트휴먼'은 "어떤 점에서 인간 조건을 '뒤로 post' 하고 있으며, 또 어떤 점에서 여전히 '인간적human'인가" 따져 보아야 할 것이다.(이진우, 2015) 왜냐하면 트랜스휴머니즘이 추구하는 새로운 인간, 즉 포스트휴먼은 인간과 기계의 융합을 추구하고 있기 때문이다. 그래서 미국의 정치학자 프랜시스 후쿠야마Francis Fukuyama는 잡지 『포린 폴리시Foreign Policy』에 기고한 짧은 글에서, 트랜스휴머니즘이 미래의 가장 위험한 생각이라고 힘주어 말하기도 했다. 앞으로 인공지능 기술과 인간향상 기술이 발전하면 할수록 인간과 인간이 아닌 것 사이의 경계가 점점 희미해져 갈 것이다. 그래서 그 경계에 대한 물음을 윤리적, 도덕적 차원에서 묻지 않을 수 없을 것이며, 그럼에도 불구하고 놓을 수 없는 인간의 본성이란 무엇인지에 대한 논의가 충분히, 그리고 늦지 않은 시기에 시작되어야 할 것이다.

3. 새로운 인류, 포스트휴먼을 위한 교육

지금 우리는 기술과 함께 공생의 길을 모색해야 하는 시대에 접어들었다. 트랜스휴머니즘 시대, 제2 기계시대 혹은 인간과 기계가 공존, 공생하는 시대를 살아야 하는 우리 인간들이 미래에 대해 갖는 두려움은 우리가 할 수 있는 것이 점점 더 사라지는 것에 대한 두려움일 것이다. 그러나 어쩌면 그보다 더 큰 두려움은 우리들이 무엇을 할 수 있을지 상상조차 하지 못하거나 혹은 상상할 수도 없게 되는 것이 아닐까. 『휴먼 3.0』의 저자인 피터 노왁은 이러한 우리 인간들의 두려움을 인간 본성이 지닌 '모순'이라고 지적하면서도, 다른 한편으로는 인간은 매우 '상상력'이

풍부한 존재임을 역설하고 있다. 그렇다면 우리가 가진 상상력을 총동원해서 인간과 기계가 공생하는 트랜스휴머니즘 시대에 무엇을 해야 하고, 어떠한 준비를 해야 하는지 생각해 보자. 기계와 함께 살아가면서도 인간으로서의 존엄성을 지키기 위해서 우리는 무엇을 할 수 있을까? 이 질문에 답하기 위해 우리는 먼저 트랜스휴머니즘 시대에 대두되는 문제에 대해 생각해 보아야 할 것이다.

최첨단 기술의 발전으로 인류는 엄청난 부와 긴 수명 그리고 새로운 기회를 갖게 되었다. 그중에서도 의료 기술과 의약 기술의 발전은 마치 인류에게 영생을 약속하는 듯 보이기도 한다. 실례로 미래학자인 커즈와일은 노화의 속도를 늦추는 비타민과 보충제를 매일 150가지 이상씩 복용하면서 싱귤래리티가 일어나는 시점까지 살기를 바라고, 그럴 수 있을 거라고 이야기한다. 커즈와일은 2045년에 이러한 싱귤래리티가 실현될 것으로 예측하고 있는데, 2045년까지는 앞으로 불과 29년 정도 남았다. 그의 기대와 예상이 맞는다면, 1948년에 태어난 커즈와일은 특이점singularity이 일어나는 2045년에는 98살이 되어 있을 것이다. 그때 그의 모습이 자못 궁금하다.

그러나 이렇게 더 오래 사는 것, 혹은 영원한 생명에 대해 이야기할 때마다 함께 떠오르는 질문이 있다. 과연 오래 사는 것이 더 좋은 것일까? 혹은 오래 살면 더 행복할까? 그리고 그것이 더 잘 사는 것일까? 하는 질문들이다. 만일 100세가 되었지만, 심각한 육체적 질병이나 고통, 혹은 장애를 갖고 산다면 그것이 행복한 일일까? 혹은 살만한 가치가 있다고 느껴질까? 누구나 한 번쯤은 이런 질문을 해 보았을 것이다.

통계청 자료에 의하면, 1996년에는 72.2세였던 우리나라의 평균수명이 2005년에는 76.5세로 6.37% 증가했고, 2014년에는 남자 79세, 여자 85.5세로 OECD 주요 회원국들 중에 일본, 스페인, 프랑스에 이어 4위를 차지했다. 이 속도로 평균수명이 증가할 경우, 머지않아 우리나라는 '세계에서 가장 빨리 늙어 가는 나라'가 될 것이다. 그래서 최근 들어 '고독사孤獨死' 문제와 함께 '존엄사尊嚴死, death with dignity' 문제가 심심찮게 대두되고 있다. 우리나라에서는 아직까지 합법적으로 인정되고 있지 않

3. 새로운 인류, 포스트휴먼을 위한 교육 51

지만, 이미 스위스, 벨기에, 네덜란드, 룩셈부르크, 태국, 프랑스, 캐나다, 일본 등에서는 안락사安樂死, euthanasia를 허용하고 있다. 물론 '적극적' 안락사를 인정하는 나라에서부터 소생 가능성이 없는 환자에 대해 연명 치료를 중단하는 '소극적' 안락사까지 다양한 입장들이 공존하고 있기는 하다. 하지만 안락사를 인정하고 있는 나라들이 가진 공통적인 생각의 배후에는 인간은 죽는 그 순간에도 인간으로서 존중받을 권리가 있고, 스스로가 자신의 존엄을 지킬 자유가 있다는 것이다.

다음으로 생각할 수 있는 것은 포스트휴먼과 관련해서 가장 크게 대두되는 문제 중 하나인 '불평등'의 문제이다. 인간향상 기술에 드는 비용을 감안한다면, 그것을 사용할 수 있는 사람은 우선적으로 잘사는 나라 사람들일 것이고, 한 사회의 부유층이거나 권력자들일 것이다. 그렇다고 이것이 인간향상 기술을 무조건 반대해야 할 이유가 되지는 못한다. 부와 관련된 빈부격차의 문제는 현대 사회의 많은 다른 문제들에도 동일하게 적용되기 때문이다. 나는 개인적으로 인간향상 기술을 전적으로 반대하지는 않지만, 『생명의 윤리를 말하다』에서 마이클 샌델Michael Sandel이 말하는 '선물'의 논리는 눈여겨 볼 만하다. 샌델은 기본적으로 인간향상을 반대하는 입장으로, 조지 W. 부시 대통령 시절 대통령생명 윤리위원회에서 활동할 때도, 인간복제를 제한하면서 줄기세포 연구를 허용하자는 입장을 취했다. 샌델은 이 책에서 생명은 '선물로 주어진 것'이기 때문에, 생명공학적인 기술을 이용해 인간향상을 꾀하는 것은 "정복과 지배를 향한 지나친 불안"을 나타내는 것에 불과하고, 주어진 삶을 가슴 벅찬 선물로 감사히 받아들이는 태도를 훼손한다고 하면서, '선물로 보는 윤리the ethics of giftedness'를 말하고 있다. 이진우 (2013) 역시 그러므로 우리가 심각하게 생각해야 할 문제는 인간향상 자체가 아니라, 능력 있는 자만이 살아남는 세상 그리고 그 능력마저도 돈으로 살 수 있다고 생각하는 "시장 만능주의에 입각한 자본주의적 삶의 방식"이 문제라고 힘주어 말한다.

여기에 한 가지를 덧붙인다면, 그건 바로 극심한 개인주의일 것이다. 디지털 시대가 되면서 개인주의 또한 급속도로 증가하고 있고, 그 안에서 이전과는 다른 형태의 소외가 일어나고 있다. 요즘 젊은이들이 가장 많이 하는 말 중의 하나가 '각자도생各自圖生'이란다. 즉 내 밥그릇은 내가 챙겨야 한다는 말이다. 입장을 바꾸어 말하면 가정도, 사회도, 공동체도, 나아가 국가도 더 이상 너의 앞날을 지켜 줄 수 없으니 니가 알아서 살아남으라는 말이다. "이 세상은 강한 자가 살아남는 게 아니야. 살아남는 자가 강한 거야"라는 말이 절로 떠오른다. 영화 「황산벌」(2003)에서 김유신 장군 역을 맡았던 정진영이 황산벌 전투에서 백제의 계백장군을 물리치고 나서 한 말이다.

그러나 트랜스휴머니즘 시대를 사는 우리에게 이 문제는 그렇게 간단하지가 않다. 같은 인간들끼리 경쟁한다면야 어떻게든 붙어 보겠는데, 오늘 우리 시대는 인공지능을 가진 기계들과 한판 붙어야 하는 시대이다. 즉, 나의 경쟁 상대는 더 이상 인간이 아니라, 나보다 몇 배는 뛰어나고, 혼자인 듯하지만, 실은 뒤에 엄청난 지원군을 달고 있는 유비쿼터스 컴퓨터란 말이다. 죽기 살기로 덤빈다고 한들 가능하기는 할까? 고3 수험생들에게 금언金言처럼 내려오는 말이 있다. 바로 '4당 5락'. 4시간 자면 붙고, 5

시간 자면 떨어진다는 말이다. 물론 지금은 통용되지 않겠지만, '응팔세대'에게 이 말은 성실히 노력하면 노력한 만큼 결과가 나온다는 것을 의미했다. 그러나 트랜스휴머니즘 시대의 기계들은 먹지도 않고, 자지도 않고, 심지어는 지치지도 않는다. 인간인 우리는 최소 4시간은 자야 하는데, 이 녀석들은 1년 365일 하루도 쉼 없이, 심지어는 불이 들어오지 않아도 24시간 작업이 가능하단 말이다. 어찌해야 할까? 이대로 그냥 여기서 자폭해야 하나? 결코 그럴 수는 없다. 그래서도 안 된다. 그렇다면 대체 뭘. 어.떻.게. 해야 할까?

각자도생을 넘어 소셜스트럭팅으로

길은 있다. 기계들은 할 수 없고, 우리 인간들만 잘할 수 있는 것을 찾는 거다. 그런데 그런 게 있기는 한 걸까? 마리나 고비스는 『증폭의 시대』에서 인간과 기계를 차별화시키는 가장 좋은 도구는 '인간관계 기술'이라고 하면서, 이제는 감정적, 개성적, 사회적인 것들에 초점을 맞추어야 한다고 말한다. 그리고 이것이야말로 기계는 절대 할 수 없지만 우리는 잘할 수 있고, 우리 인간들이 기계들과 맞붙어서 결코 지지 않고 살아남는 방법이라는 것이다. 그리고 고비스는 이것을 '소셜스트럭팅socialstructing' 즉 '사회적 자본 구축'이라고 이름 지었다. 우리말로 쉽게 말하자면 '연줄'이라는 거다. 혈연, 지연, 학연…… 동원할 수 있는 '줄'은 다 동원하라는 말이다. 대신 이것을 혼자 쓰지 말고, 함께 모아 튼튼한 동아줄로 엮으라는 것이다. 이렇게 '줄'을 이용해서 쌓은 사회적 자본social capital을 가지고, 흩어지지 말고 함께 모여 기계에 맞서라는 것이다. 이게 바로 '소셜네트워킹'이란다. 알파고가 1,200대 이상의 컴퓨터를 등에 업고 이세돌 9단과의 대국에 나섰던 것처럼, 우리도 이제는 서로가 가진 줄을 모두 꺼내어 함께 엮으라는 말이다. 이렇게 소셜 네크워크를 통한 집단 지성과 신기술로 무장한 개인을 고비스는 '증폭된 개인'이라 부르면서 "이 증폭된 개인이 세상을 바꿀 수 있다"고 말한다. 그리고 다가올 미래에는 사회적 친분이나 연줄 등을 이용한 사회적 관계가 경제적 가치를 지니게 될 뿐만 아니라, 미래사회의 본질이 되어야 한다고 주장한다. 피터 노와 역시 『휴먼 3.0』에서 우리의 생각이나 반응을 앞서가는 첨단 기술이 이제는 돌이킬 수 없는 하나의 사회 현상이 되었음을 지적하면서, 그 사회 안에서 살아남기 위해서는 새로운 형태의 사고, 특히 '집단적 사고'가 필요함을 역설하고 있다.

일명 '응팔세대'에게 이것은 누워서 떡 먹기보다 쉬운 일이었다. 요즘 말로, 껌이었다. 얼마 전 종영한 드라마 「응답하라 1988」에서 쌍문동 다섯 가족이 살았던 방식이 바로 고비스가 말하는 '소셜스트럭팅'을 통한 삶이었기 때문이다. 저녁 무렵, 엄마가 만든 반찬을 들고 이집 저집을 몇 번 왔다갔다 하다 보면 밥상 위에는 엄마가 만든 음식보다 더 많은 가짓수의 반찬이 올라 있었고, 평소 우리 집에서는 먹을 수 없었던 음식을 그렇게 해서 처음 맛보았던 경험은 '응팔세대'라면 누구나 다 공감할 추억이다. 그런데 언제부터 우리는 그 위대하고 찬란했던 소셜 네트워크를 잃어버리게 되었을까? 그건 바로 선우와 택이가 아파트로, 정환이네와 덕선이네가 판교로 이사를 가던 해부터 본격적으로 시작되었다고 할 수 있다. 엥, 이게 무슨 소리냐고? 이들이 아파트로, 신도시로 이사를 간 건 1994년이었다.

1994년 이후 우리나라 역사에서 결코 잊을 수 없는 두 가지 사건이 연이어 일어났다. 1994년에 대학수학능력시험大學修學能力試驗, CSAT, College Scholastic Ability Test, 일명 '수능'이 시작되었고, 이후 1997년에 IMF 외환 위기가 닥쳐 온 것이다. 'IMF'는 그동안 우리가 가지고 있던 소셜스트럭팅을 한순간에 모두 와해시켰다. 이후 '평생직장'이라는 말이 사라지고 '투잡', '쓰리잡'이라는 말이 생겼으며, 비정규직이 증가하고 사회적 연줄이 모두 다 끊어진, 그러니까 소셜 네크워크를 상실한 실업자와 노숙자가 대거 거리로 튕겨져 나왔다. 말 그대로 '각자도생'의 시대가 시작되었다. 그리고 정부에서는 학력고사를 폐지하고, 대학 입시 위주로 이루어지는 고등학교 교육을 정상화하기 위하여 대학수학능력시험을 도입했다. 수능 이전에 시행되었던 '대학입학 학력고사'는 고등학교에서 배운 과목에 따라 과목별로 문제가 출제되었기 때문에, 학생들이 모든 과목을 잘해야 한다는 부담이 있었다. 그리고 사지선다형 문제가 너무 많고, 교과서를 무조건 암기해야만 풀 수 있는 단순 지식 암

기형 문제가 많다는 비판이 있었다. 그래서 이를 개선하고 통합적인 사고력을 측정한다는 미명하에, 언어 영역, 수리 영역, 외국어 영역, 탐구 영역으로 나누어진 수능이 시행되었다. 이후 조금씩 유형이 바뀌기는 했지만, 큰 틀은 여전히 유지되고 있다.

그리고 1970년대, 지나치게 고교 입시가 과열되고 불법 과외가 기승을 부리자 이러한 문제와 부작용을 해결하고자 1974년부터 고교평준화가 시작되었다. 물론 그로 인해 고등학교 학생들의 수준이 전체적으로 하향 평준화되었다는 비난이 있기도 했지만, 이후 인문계 고등학교에 다니는 대다수 학생들의 수준은 대체로 그만그만했다. 잘 사는 집 아이들이나 못사는 집 아이들이나 같은 학교에 다녔다. 성적도, 성향도 천차만별이기는 했지만, 지금처럼 '왕따'니 성적 비관으로 인한 '자살'이니 하는 이야기는 우리 학교가 아닌 저 먼 어느 학교에서 있었던 일이라는 소문만 들어 봤을 정도였다. 그리고 모르는 것이 있으면 서슴없이 친구에게, 때론 선배에게 물어볼 수도 있었고, 졸업 후에는 그것이 소셜스트럭팅을 엮을 수 있는 '줄'이 되었다. 그리고 학교마다 그것을 자랑스러운 전통으로 간직해 오고 있기도 했다.

내가 잠시 다녔던 서울의 모 여자고등학교에는 '자매조'라는 것이 있었다. 간단히 말해서, 1학년 1반의 1번, 2학년 1반의 1번, 3학년 1반의 1번, 이렇게 세 사람이 1년 동안 '자매조'라는 이름으로 짝이 되는 거였다. 매주 월요일 아침마다 실시되던 '조회 시간'에 우리는 운동장에 자매조끼리 나란히 섰다. 1학년을 가운데 두고 양쪽에 3학년 언니와 2학년 언니가 섰다. 그렇게 3월 첫 조회시간에 '통성명'을 하고 나면 1년간 언니들이 많이 도와줬다. 시험 족보를 나눠 주는 것은 물론이고, 주요 과목 선생님들의 시험 패턴과 유형, 학과별 공부법에서 CA(특별활동)를 선택하는 법까지 알려 주었다. 거기다 우리 학교에 적응하고 살아가는 법, 예를 들면 구내매점은 몇 시에 문을 여는지, 어느 매점에서는 무엇이 가장 맛있는지, 해우소解憂所(근심을 해결하는 곳이란 뜻인데, 그 학교에서는 화장실을 이렇게 불렀다)는 어디에 있는지 등 시시콜콜한 것에 이르기까지 온갖 정보들을 속속들이 전수받았다. 이런 고급(?) 정보를 공유하는 것뿐만 아니라, 심지어는 '깜지'(다른 학교에서는 '빽빽이'라 부르기도 했다)까지 서로 공유하는 깜찍한 '자매조'들도 있었다. 혹시 모르는 요즘 세대를 위해 잠시 설명하자면, 주로 영어 선생님이 내준 영어 단어 쓰기 숙제를 말하는데, 그때는 공부란 머리로 하는 게 아니라, 엉덩이와 손으로 하는 거라고 생각하던 시대였다. 그래서 수업 시간에 배운 영어 단어를 연습장 앞뒤로 빽빽이 매일 서너 장씩 써야만 했다. 깜빡해서 며칠 밀리면, 걷잡을 수도 없이 그 장수가 늘어나는데, 그때마다 신공을 발휘하는 친구들이 있었다. 볼펜 두 개를 옆으로 붙여 테이프로 단단히 감아쥐고 한 번에 두 줄씩 단어를 쓰는 아이, 뒷면에 먹지를 대고 써서 1타 2피, 즉 1장을 썼으나 2장으로 만드는 아이도 있었다. 어디 그뿐이랴. 선생님이 연습장 맨 뒷면에만 도장을 찍는다는 것을 알고, 스프링 연습장 '위아래 교차 찢기'라는 고도의 기술로 맨 뒷장의 도장 찍은 면을 앞쪽으로 절묘하게 옮겨오는 아이들까지 있었다. 이 모든 기술(?)들을 '자매조' 언니들에게서 전수받았다. 물론 이런 것들만 나눴던 것은 아니다. 훨씬 더 유익한 일들이 많았음을 감안해 주시길.

하지만 지금은 어떤가? 공식적으로는 평준화 정책을 유지하고 있지만, 고등학교에 입학하기 전부터 이미 불평등한 경쟁 구조에 들어서게 된다. 고등학교 교육을 정상화시킨다는 명분으로 '학력고사'를 폐지하고 '수능'을 실시했지만, 이후 입시 과열은 전혀 수그러들지 않았고, 처음에 명분으로 내세운 고등학교 교육 정상화 역시 이루어지지 않았다. 이후 과도하게 가열되는 부모들의 '교육열'에 편승하여 공교육, 사교육 가릴 것 없이 입시에 초점을 맞추어 점점 더 변질되어 갔고, 그 중압감을 견디지 못한 청소년들의 자살률은 점점 치솟아 이제는 '세계 제일의 청소년 자살 국가'가 되었다. 또한 2000년에 들어서면서 OECD에서 실시한 국제학업성취도평가 Program for International Student Assessment, PISA에서 우리나라 학생들은 국어, 수학, 과학 영역에서 세계 종합 2위라는 놀라운 성적을 보였지만, 창의력에 있어서는 하위에 머물렀고, 수학 점수는 세계 최고지만, '수학을 좋아하느냐?'는 질문에는 많은 학생들이 '싫어한다'고 대답하는 기이한 모습을 보였다.

1974년부터 실시한 고교평준화 정책의 목적은 교

육의 평등성 실현, 즉 고등학교들 간의 교육 격차를 해소하는 것이었다. 그러나 이제 와서는 고교평준화에 따른 획일적 교육 시스템을 보완한다며 소위 '엘리트 교육'으로 다시 돌아가고 있다. 이것이 2002년에 도입된 일명 '자사고'다. 고등학교 교육의 '다양화·특성화·자율화'라는 미명하에 교육 개혁을 추진하면서 이전에는 교육부 소관이었던 학생 선발권과 교육 과정 운영권 등을 사학 재단이 갖게 되었다. 그 결과 일반계 고등학교에 비해 등록금이 3배 정도 비싸고(실제로 대학 등록금보다 비싼 경우도 허다하다), 자율적으로 학생을 선발하고, 독립적으로 교육 과정을 운영할 수 있는 '자율형 사립고등학교' 이른바 '자사고'가 생기게 되었다. 그리고 과학, 외국어, 예술, 체육을 잘하는 아이들은 과학고등학교, 외국어고등학교, 예술고등학교, 체육고등학교 등의 특수목적 고등학교로 빠져나가고, 그 밖의 미디어, 만화, 호텔경영, 기술 등에 재주가 있는 아이들은 특성화 고등학교에 간다. 쉬운 말로, 잘난 애들은 잘난 애들끼리, 재주 있는 애들은 재주 있는 애들끼리 모아서 가르치겠다는 말이다. 이것이 전적으로 나쁜 것은 결코 아니다. 하지만 이미 '금수저', '은수저', '동수저'에 이어 '흙수저'라는 신조어까지 통용되고 있는 우리 사회에서 부모의 경제적인 재력이나 학력 수준이 이후 자녀의 출세와 진로를 결정하는 것은 평등의 원칙뿐만 아니라 정당한 교육을 받아야 할 교육의 권리마저 해치는 것이 아닌가. 공부 좀 한다는 아이들은 모두 자사고, 특목고, 특성화고 등으로 빠져나가고, 일반계 고등학교는 정말로 평범해도 너무 평범한 아이들이나 등록금이 비싼 학교에는 갈 수 없는 흙수저들이 모이는 곳이 되어 버렸다는 비판이 여기저기서 들린다. 그래서 요즘 일반 고등학교는 예전과는 다르다고 한다. 그곳 교사들의 이야기를 들어 보면 상황은 더 심각하다.

교육의 본래적인 목적을 상실한 채, 학교는 입시에서 좋은 성적을 얻는 법을 가르치는 곳, 그런 학생들을 길러 내는 곳이 되어 버렸다. 그리고 '자사고', '특목고', '특성화고' 등으로 분류된 학교들은 지식을 차별적으로 분배함으로써 사회적 불평등을 유지, 존속시키는 데 일조하고 있으며, 일찍부터 아이들을 등급별로 분류하고 있다. 그러나 이보다 더 심각한 것은 이러한 사회 계층적, 위계적 신분 질서가 아이가 속한 가정의 배경으로부터 유래한다는 것이고, 이렇게 자라난 아이들 역시 자신들이 특정한 계급으로 편입되는 것을 당연한 것으로 받아들이게 된다는 사실이다. 홍성민은 『피에르 부르디외와 한국사회』에서 학력이나 가정의 배경으로부터 유래한 이러한 계층적 신분 질서가 결국에는 경제적 잉여의 왜곡된 배분으로까지 이어진다고 비판하고 있다. 이러한 사회에서 건설적인 '소셜스트럭팅'이 가능할 리 만무하다.

역시 사람이 희망이다

닐 포스트먼Niel Postman은 『교육의 종말』에서 이렇게 본래의 목적을 잃어버린 학교를 '수용소'라고 불렀다. 이런 수용소에서는 결코 제대로 된 '줄'(네트워킹)을 만들 수 없을 것이고, 이 줄들을 엮어 사회적 자본으로 만드는 일(소셜스트럭팅)은 더더욱 불가능할 것이다. 이것은 근대 이후 교육의 전문화, 교육화Pädagogisierung를 추구했던 많은 나라들에서 공통적으로 드러나는 현상이다. 또한 트랜스휴머니즘 시대에 기술에 대한 지나친 맹신과 학교에까지 도입된 시장자본주의는 또 다른 문제를 일으키게 될 것이다. 1920년대 초반, 이미 미국의 한 교사는 이러한 시대를 풍자하는 다음과 같은 시를 썼다.(포스트만, 1999 재인용)

> 에디슨은 말했다.
> 라디오가 교사를 대신할 것이오.
> 벌써 누군가는 레코드 음반으로
> 새로운 언어를 배우리라.
> 활동사진이 라디오가 보여 주지 못하는 것을
> 보여 줄 것이다.
> 교사는 산속 어디론가로 좌천되고
> 마차도, 긴 머리 여인들도 다 사라지고.
> 혹, 박물관에서 만나게 되리.
> 교육이란
> 곧 버튼 누르기 연습이 될 것이다.
> 아마 난 전화교환수쯤 되리라.

교사보다 뛰어난 스마트한 기계의 등장으로 학생

들 스스로가 기계를 이용해 배우고, 기계를 통해 새로운 세상을 보게 되었다. 그러자 교사는 그저 학생에게 기계를 소개하거나, 그 둘을 연결시키는 '전화교환수'로 전락하고 말았다. 100년 전에 살았던 교사의 예측이 어쩜 이리도 우리 시대와 꼭 맞아떨어지는지 모르겠다. 그렇다면 100년이 지난 오늘날, 시대의 변화 속에서 아이들은 어떻게 살고 있을까? 아래의 시는 경기도 부천의 한 초등학교 4학년 어린이가 수업 시간에「거인들이 사는 나라」라는 시를 각색한 것이다.(오마이뉴스, 2015. 2. 10.)

천재들이 사는 나라

단 하루만이라도 어른들을 학원국으로 보내자.
그곳에 있는 것들은 모두 학원이겠지.
학원을 쉬지 않고 다니면 지칠 거야.
4시간 동안 수업 받으면 얼마나 답답할까?
아마 4시간이 40시간처럼 느껴지겠지.

천재들은 성큼성큼 선행학습하고

어른들은 뒤처 질 텐데.
글쎄 온 힘을 다해 공부해도
천재를 따라가기 힘들 때는
보충수업에 갇힐 거야.
뭘 꾸물거리느냐고 선생님은 화내고
친구들은 놀려 대겠지.
어른들은 쩔쩔맬 거야.

그때, 어른들은 무슨 생각을 하게 될까?

'어린이'라는 개념은 근대와 함께 등장한 것으로, 17세기에 들어서 비로소 어린이가 어른과는 다른 존재라는 사실이 '발견'되었고, 20세기 이후에 와서야 어른과 구분되는 인격체로 인정받을 수 있었다. 이러한 생각을 바탕으로 1900년, 스웨덴의 여류 사상가이자 교육자였던 엘렌 케이Ellen Key는 『어린이의 세기Das Jahrhundert des Kindes』라는 책을 썼고, 필리프 아리에Philippe Ariès는 『아동의 탄생』에서 어린이라는 개념이 역사적으로 탄생하게 된 과정을 상세히 설명했다. 그런데 우리 시대에 다시 '어린이'가 사라져 가고 있다(여기서 말하는 어린이는 청소년들까지 포함하는 말이다). 그리고 이 세상은 '천재들만' 사는 '학원국'이 되어 버렸다. 천재가 될 수 없는 아이들, '흙수저'를 물고 태어난 아이들, 트랜스휴머니즘의 용어로 표현하자면, '포스트휴먼'이 될 수 없는 아이들이 어른들의 관심 밖으로 밀려나, 우리의 시야에서 사라져 버렸다.

헤르만 기섹케Hermann Giesecke와 닐 포스트먼은 근대 이후 '어린이'가 사라진 것을 교육의 종말로 보았다. 아이들은 더 나은 미래를 위한다는 어른들의 거짓말에 '현재'를 잃어버렸고, 교육화Pädagogisierung가 이루어지면서 학교와 아이들의 실제적인 삶이 점점 분리되기 시작했다. 그러다 결국에는 현실과는 단절된 학교가 자기만의 고유한 규범과 규칙들로 운영되고, 개인의 업적을 정당화하기 시작하면서부터 개인 간의, 학교 간의 경쟁 역시 불가피하게 되었다. 이러한 체제 안에서 '어린이기期'는 미래를 위해 단순히 거쳐 가야 할 단계로 전락하고 말았다. 그리고 전문화와 과학화의 미명하에 전문적으로 만들어진 '교사'라고 하는 이들이 아이들의 교육과 발달에 대한 결정권을 갖게 되면서, 동시에 부모와 가정은 교육과 양육의 기능을 잃어버렸다. 그런데 트랜스휴머니즘 시대에 들어서면서 전문직이라 여겨졌던 '교사'마저도 그 역할을 상실하고, '전화교환수'로 전락하고 있다.

그러나 새로운 인간을 만들어 내는 것은 여전히 '교육'을 통해서만 가능하다. 그래서 한 세기 전, 엘렌 케이는 『어린이의 세기』를 출판하면서 서문에 이렇게 썼다. "새로운 세상에 새로운 인간의 양성을 희망하는 모든 부모들에게 바친다." 이 책이 나온 지 이미 120여 년이 지났지만, 이 말은 여전히 유효할 뿐 아니라, 우리 앞에 성큼 다가온 트랜스휴머니즘 시대에는 더욱 깊이 새겨야 할 말이다. 인간보다 뛰어난 인공지능 로봇, 인공지능 컴퓨터가 넘쳐나는 세상이 된다고 해서 인간에 대한 교육을 소홀히 하거나 신자유주의 시장경제의 논리로 각자도생에 성공한 아이들만 사회의 일원으로 받아들여서도 안 된다. 인간의 지능을 뛰어넘는 '슈퍼 지능 컴퓨터'를 만든 것도 결국에는 인간들이 이루어 낸 것이니 말이다. 그래서 이세돌 9단도 알파고와의 첫 대국을 마친 후,

알파고의 실력보다 "알파고를 만든 프로그래머들에게 존경심이 든다"고 말하지 않았던가. 그래, 다시 사람이 희망이다.

유비쿼터스 무료 콘텐츠의 활용

요즘 대학 등록금이 하늘 높은 줄 모르고 오르다 보니, 비싼 등록금을 마련하기 위해 학자금 대출을 받는 학생들이 늘고 있다. 3월 새학기를 맞아 인터넷에는 "학자금부터 생활비 마련까지, 고된 새학기를 시작하는 학생들, 봄을 즐길 마음의 여유 없어"라는 제목의 기사가 실리기도 했다. 그리고 EBS에서 출간한 『왜 우리는 대학에 가는가』에 따르면, 오늘날 우리나라 대학에서는 두 가지가 사라졌다. 첫 번째는 적극적인 배움을 이끌어 내는 '질문'과 '토론'이 사라졌고, 두 번째는 '인간관계'가 사라졌다. 취업 전선에서 우위를 점하기 위해서 스스로가 관계를 단절한 자발적 '아웃사이더'부터 비싼 등록금과 생활비 마련을 위해 아르바이트를 하느라 어떠한 '관계'도 만들 수 없는 비자발적 '외톨이'들이 즐비하다. 그리고 대학에서 교수는 월급을 받고 지식을 파는 '지식

노동자'로, 학생은 등록금을 내고 졸업장을 사는 '교육소비자'로 전락했다. 우치다 타츠루內田樹는 『교사를 춤추게 하라』에서 이렇게 교육이 상품화되는 것을 '교육의 자살'이라고 보았는데, 이렇게 상품화된 대학에서 진정한 교수와 배움을 기대하는 것은 사치스러워 보이기까지 한다. 오로지 '대학 입시'와 '취업'을 향해 달려가는 학교는 세상에서 가장 비생산적이고 닫힌 조직이 되어 버렸고, 질문과 토론이 사라져 버린 교실에서는 더 이상 창조적인 어떤 것이 일어날 리가 없다.

뿐만 아니라, 트랜스휴머니즘 시대에는 대학이 가진 고등교육의 독점권마저 점점 위태로워지고 있다. 이제, 군이 학교나 대학이 아니어도 지구촌 어디에서나 인터넷만 연결되어 있으면 학습과 배움이 가능한 시대가 되었다. 근대 이후 시작된 교육의 전문화로 인해 이제까지는 공인된 교사, 즉 '교원 자격증'을 가진 교사들만이 오로지 '교실'에서 값비싼 '교재'들을 통해 교육할 수 있었다면, 지금은 어느 누구나 어디서든 좋은 콘텐츠들을 거의 무료로, 혹은 값싸게 이용할 수 있게 되었다. 한마디로, '유비쿼터스 무료 콘텐츠들'이 넘쳐 나고 있는 것이다. 그로 인해 그동안 교사들과 학교 당국이 배타적으로 누리고 있었던 지식의 독점, 그리고 그들의 특권적 권위가 점점 사라져 세상이 곧 교실이 되고, 학교가 되었다. 그곳에서 자발적인 학습과 배움이 일어나고 있으며, 이것을 통해 전 세계를 네크워킹하는 보다 크고 넓은 '소셜스트럭팅'이 가능하게 되었다.

그러나 다른 한편에서는 언젠가는 인간의 인지 능력이 첨단과학 기술시대에 더 이상 적절하게 대응하지 못하는 시점에 도달할 것이라는 우려도 점점 커지고 있다. 인공지능을 가진 로봇과 컴퓨터가 우리 인간들보다 훨씬 뛰어난 지능을 갖게 될 날이 조만간 도래할 수도 있다. 그러나 인간과 기계가 적절히 결합된다면, 다시 말해 함께 힘을 합한다면 어떻게 될까? 1997년 세계 체스 챔피언인 카스파로프와 IBM의 슈퍼컴퓨터 '딥 블루'의 대결에서 컴퓨터가 승리한 일은 이미 이야기했다. 그러나 그 뒤에 더 흥미로운 대결이 있었다. 2005년 온라인 체스 사이트인 플레이체스닷컴에서 '프리스타일 체스 토너먼트'라는 시합을 개최했는데, 이 토너먼트에는 인간과 컴퓨터가 팀을 이루어 참가할 수 있었다. 토너먼트가 끝날 때쯤, 누구도 예상치 못했던 놀라운 일이 벌어졌다. '인간과 기계의 연합팀'이 첨단 컴퓨터와의 대결에서 승리했을 뿐만 아니라, '딥블루'와 비슷한 체스 전용 슈퍼컴퓨터인 '하이드라Hydra'도 상대적으로 성능이 떨어지는 컴퓨터를 이용한 인간에게는 상대가 되지 않았다. 더 놀라운 결과는 최신 컴퓨터를 가지고 출전한 그랜드마스터 팀을 상대로 3대의 컴퓨터를 동시에 이용한 아마추어 2명이 승리한 것이다. 간단히 말해 순위는 '성능이 우수한 컴퓨터 〈 강한 인간 + 기계 + 안 좋은 처리 프로그램 〈 열등한 인간 + 기계 + 더 나은 처리 프로그램'의 순이었다. 이 토너먼트의 결과는 인간의 통찰력과 사고력, 기계의 합리적인 사고 혹은 계산력, 이 두 가지가 합쳐졌을 때, 최상의 결과를 낼 수 있고 복잡한 문제를 해결하거나 무엇인가를 결정해야 하는 순간에 그 어떤 슈퍼컴퓨터보다도 훨씬 더 현명한 판단을 내릴 수 있다는 가능성을 보여 주었다. 또한 그동안 우리가 인공지능에 대해, 슈퍼컴퓨터에 대해 갖고 있었던 우려와 걱정이 실제와는 거리가 있다는 것을 알려 주는 결과이기도 했다. 그렇다면, 만일 이번 '챌린지 매치'에서 이세돌 9단이 컴퓨터를 이용해 알파고와 대국을 벌였다면, 어떻게 되었을까? 아마도 이세돌 9단이 이겼거나, 최소한 1 대 4라는 스코어는 달라지지 않았을까?

불편은 나의 힘

그동안 우리는 첨단 기술을 이용해 우리에게 불편을 끼치는 것들이나 심지어 우리를 불행하게 만드는 것들을 많이 제거했다. 그래서 그동안의 인간 역사는 편리함을 추구해 온 역사라고 할 수 있으며, 그 결과 우리는 일터에서뿐만 아니라 일상에서, 특히 집안일을 도와주는 다양한 첨단 기술의 유익을 누리며 살고 있다. IoT사물인터넷 기능이 탑재되어 있는 똑똑한 보일러에서부터 알아서 방 안을 돌아다니며 청소해 주는 로봇 청소기까지 이미 시중에 보급되었고, 스마트폰에 시리가 장착되면서부터는 마치 개인 비서를 두고 있는 듯 편해졌다. 시리가 전화도 걸어 주고, 원하는 장소도 찾아 줄 뿐만 아니라, 우연히 지나가던 길에서 들은 음악이 궁금할 때도 시리에게 물어보면 찾아서 들려주기까지 한다.

또한 인터넷 서핑을 하고 나면, 컴퓨터 시스템이 그 정보들을 스스로 저장해 두었다가 나에게 필요하다고 생각되거나, 나의 흥미를 끌 만하다 싶은 것들을 알아서 보여 주기도 한다. 예를 들면, 내가 쇼핑을 하려고 인터넷 창을 띄우는 그 찰나의 순간, 컴퓨터 시스템은 최근 나의 인터넷 사용 기록을 샅샅이 모아 나에게 영향을 줄 수 있는 광고를 예측한 후, 제일 적합한 광고를 선정하여 웹페이지에 띄워 준다. 인터넷 상에 떠 있는 나의 정보들을 통해 만들어진 쿠키가 나보다 더 나를 잘 알아서, 어떻게 하면 내게 지름신이 강림하는지를 알고 있는 것이다. (지름신이란, 예쁜 물건 혹은 기능이나 질적인 면에서 상당히 우수한 제품을 보았을 때, 멀쩡하던 사람의 정신 상태에 무작위로 강림하여 일시적이고 강력한 뽐뿌 현상을 일으키는 신으로, 이 지름신이 강림했을 때는 지름신을 자제시키기 위해 '눌림굿'이 필요하다.) 그것만이 아니다. 내가 상점에 들어서면 그곳에서 사용 가능한 쿠폰이 스마트폰에 저절로 뜬다. 이렇게 첨단 기술로 인해 많이 생각하지 않아도 되고, 나의 정신 상태

마저 내 마음대로 조절이 안 되거나, 자기 멋대로 작동하는 놀라운 세상이 되었지만, 그에 못지않게 우리를 행복하게 해 주는 것들 마저 사라졌다. 우연히 들른 작은 골목 상점에서 내 맘에 쏙 드는 물건을 발견할 수 있는 기회, 그로 인해 느낄 수 있는 소소한 기쁨도 같이 사라져 버렸다. 원하면 언제든지 휴대폰으로 사진을 찍을 수도 있고, 포샵Photoshop이나 셀카전용 어플로 예쁘게 보정된 수천 장의 사진이 컴퓨터 안에 들어 있지만, 예전보다 사진을 보는 일은 줄어들었다.

그래서 한편에서는 이런 편리한 생활에 익숙해진 10~30대 사이에서, 생명에 지장을 주는 것은 아니지만 심할 경우 공황장애, 정서장애 등을 유발하는 '디지털치매Digital Dementia'와 같은 증상이 나타나기 시작했다. 디지털치매란 휴대전화나 PDA, 컴퓨터 등 다양한 디지털 기기에 의존한 나머지 기억력이나 계산 능력이 크게 떨어진 상태를 말한다. 예를 들면, 가족이나 친한 친구의 전화번호를 기억하지 못한다든지, 가사를 외워서 부를 수 있는 노래가 거의 없다든지, 손글씨보다 키보드나 휴대폰 문자판이 더 편하다

든지 하는 것들이다.

다른 한편에서는 너무도 편안한 일상에 무료함을 느끼는 현대인들, 특히 젊은이들이 이 편안함의 균형을 깨기 위해 자극적이고, 심지어는 생명의 위험을 초래하는 '익스트림 스포츠'를 찾아 나서기도 한다. 경제학에서는 모든 것을 다 제공하는 것이 아니라, 소비자가 적절히 참여할 수 있는 여지를 남기는 '불편 마케팅'까지 등장했다. 요즘 인기를 끌고 있는 셀프 인테리어 혹은 조립 가구 등이 이에 해당한다.

그렇다고 해서 편안함을 완전히 거부하거나 쓸모없다고 말하는 것은 아니다. 이미 우리는 그렇게 살 수 없고, 그럴 필요도 없다. 편안함을 추구하는 것은 인간의 자연스러운 본성이기 때문이다. 그러나 역설적으로 편안함이 우리에게 스트레스, 우울증과 같은 현대병을 일으키는 주범이고, 반대로 불편함이 인간의 생존 본능을 일깨우는 역할을 한다면 말이 달라진다. 마크 쉔Marc Schoen과 크리스틴 로버그Kristin Loberg는 『편안함의 배신』이라는 책에서 편안함을 '양의 탈을 쓴 늑대'라고 주장한다. 현대사회의 편리한 문화가 우리들의 욕망과 충동을 쉽게, 즉시 해소시키는 데 도움은 되지만, 결국 우리 내면의 불균형을 부채질하기 때문이다. 그러므로 트랜스휴머니즘시대를 살아가는 우리에게 필요한 생존과 번영의 조건은 '불편과 더불어 살아가는 것', 즉 '불편'이 바로 '힘의 원천'이 된다는 말이다. 그래서 나도 얼마 전에 몇몇 친구들과의 추억이 담긴 사진을 인화해서 오랜 시간을 들여 앨범으로 만들어 선물했다. 뜻밖의 선물은 친구들과 나, 우리 모두를 적잖이 기쁘게 해 주었다.

트랜스휴머니즘 시대에 우리 삶은 점점 더 기계와 편리함에 의존하게 될 것이다. 그러므로 이러한 과학기술 발전의 결과들이 한 개인이나 한 국가의 이득만을 위해 사용되거나 혹은 악용되지 않도록 해야 한다. 나아가 그것을 현명하게 사용하기 위해서는 인간의 육체적 향상뿐만 아니라, '도덕성의 향상'도 함께 이루어져야 한다.(신상규, 2014) 또한 개인의 '정체성'에 관한 문제들도 중요하게 다루어져야 한다. 폴 리쾨르Paul Ricoeur는 "자기성selfhood은 동일성sameness이 아니다"라고 말했다. 즉, 시간이

흘러도 변함없는 나(자기)라는 의식을 유지하는 것이 '자기성ipse, 입세'이며, 이것은 엄밀한 의미에서 '동일성idem, 이뎀'을 의미하는 것은 아니라는 것이다. 그렇다면 트랜스휴머니즘 시대, 인간과 기계의 공생이 시작된 시대에 인간향상 기술을 통해 향상된 개인이 얼마나 같은 사람으로 남아 있을 수 있는지, 혹은 변화된 개인을 이전과 같은 사람으로 인정하는 기준은 과연 무엇인지 묻지 않을 수 없다.

어린 시절 보았던 「은하철도 999」에 나오는 기계 제국은 영원히 죽지 않고 살 수 있는 불멸의 나라였지만, '인간 존재의 상실', '물질만능주의', '기계에 대한 맹신', '계급주의' 그리고 그로 인한 '불평등'이 지배하는 사회였다. 그래서 철이는 기계행성 안드로메다에 무사히 도착했지만, 마지막 순간에 기계인간이 되는 것을 거절했다. 그토록 원했던 영원한 생명을 얻을 수도 없고, 언젠가는 죽음으로 끝날 테지만, 결국에는 꿈을 품고 살아갈 수 있는 인간으로 남기로 결정했다. 이미 수십 년 전에 만들어졌지만, 「은하철도 999」를 통해 앞으로 도래할 미래의 모습transhumanism과 미래인간posthuman을 조금이나마 그려 볼 수 있었다. 그리고 자연적 본성을 지닌 인간으로 남기로 작정한 철이를 통해 '인간이란 무엇이며', '무엇이 우리를 인간답게 만드는지'에 대해 다시 고민하게 되었다. 그러나 아직 결론에 이르지는 못했다. 그러므로 지금으로서는 제발 내가 살아있는 동안에는 그런 날이 오지 않기만을 바라는 수밖에 없을 것 같다.

인용 도서

닐 포스트먼. 『사라지는 어린이』. 임채정 옮김. 분도출판사, 1987.

_____. 『교육의 종말: 무너지는 교육 이대로 둘 것인가』. 차동춘 옮김. 문예출판사, 1999.

레이 커즈와일. 『특이점이 온다』. 장시형·김명남 옮김. 김영사, 2007.

마리나 고비스. 『증폭의 시대: 소수의 증폭된 개인이 전체를 바꾸는 세상』. 안진환 & 박슬라 옮김. 민음사, 2015.

마이클 샌델. 『생명의 윤리를 말하다: 유전학적으로 완벽해지려는 인간에 대한 반론』. 강명신 옮김. 동녘, 2010.

마크 쉔 & 크리스틴 로버그. 『편안함의 배신: 편리한 것들은 어떻게 내 삶을 마비시키는가』. 김성훈 옮김. 위즈덤하우스, 2014.

신상규. 『호모 사피엔스의 미래: 트랜스휴먼과 트랜스휴머니즘』. 아카넷, 2014.

에레즈 에이든 & 장바티스트 미셸. 『빅데이터 인문학: 진격의 서막』. 김재중 옮김. 사계절, 2015.

에릭 브린욜프슨 & 앤드루 맥아피. 『제2의 기계시대: 인간과 기계의 공생이 시작된다』. 이한음 옮김. 청림출판, 2014.

우치다 타츠루. 『교사를 춤추게 하라』. 박동섭 옮김. 민들레, 2012.

이진우. 『테크노인문학: 인문학과 과학기술, 융합적 사유의 힘』. 책세상. 2013.

이화인문과학원 & LABEX Arts-H2H 연구소 엮음. 『포스트휴먼의 무대』. 아카넷, 2015.

제리 카플란. 『인간은 필요 없다』. 신동숙 옮김. 한스미디어, 2016.

피터 노왁. 『휴먼 3.0: 미래 사회를 지배할 새로운 인류의 탄생』. 김유미 옮김. 새로운현재, 2015.

헤르만 기섹케. 『근대 교육의 종말』. 조상식 옮김. 내일을여는책, 2002.

홍성민. 『피에르 부르디외와 한국사회』. 살림, 2004.

EBS. 『왜 우리는 대학에 가는가』. 해냄, 2015.